戦略を超えた「一体感」のつくり方

企業文化をデザインする

DESIGNING CORPORATE CULTURE

Kenji Tomita
冨田憲二

日本実業出版社

はじめに

ビジネス書の冒頭らしからぬ〝問い〟からはじめさせてください。

「皆さんには〝気〟が見えますか？」

ヒトは「やる気」「活気」「熱気」といった〝気〟を感じることができる生き物です。しかし、実際には目に見えません。当然これらは、定量的に測定することも不可能です。そして、目に見えないもの・定量化できないものというのは、「ビジネス」と呼ばれる世界からは排除・敬遠されがちです。特に、論理的に切れ味よく説明・検証できないものをビジネスの世界に持ち込むのが大変難しいのが今という時代です。

しかし、われわれ人類の日々の営みというものは、こういった目には見えない〝気〟というエネルギーによって大きく左右されています。決して目に見えなく、定量的に測れずとも、日々「やる気」や「元気」といったものに自らの身体も心も、大きな影響を受けていることは皆さんの日々の実体験として疑いの余地はないでしょう。

個々人がそうなのであれば、当然「企業組織」というものも、個が持ち合わせた「気の集合体」というエネルギーによって前へ前へと推進している船なのです。企業の4大経営資源といわれる「ヒト・モノ・カネ・情報」の中で、唯一「ヒト」というのは、そんな目にも見えない危ういエネルギーによって簡単に膨れ上がったり、逆にしぼんでしまったりします。したがって、「いかに組織の気を最大化し続けることができるのか？」という問いの重要性が、理屈でなくても感覚でわかるのではないでしょうか。

では、そんなヒトの〝気〟を最大化し続けるには何が必要なのでしょうか。優れた上司でしょうか。高い報酬や贅沢な福利厚生でしょうか。家族や友人に自慢できる自社の製品やサービスでしょうか。どれもがYESと言えるかもしれません。ただし、これらはすべて「HOW」の議論であり、個別の要素を挙げたらキリがありませんし、それぞれに良し悪しがあります。

世の中には「HOW」の議論やテクニックがあふれています。私が論点にしたいのは、これらの「HOW」すべてに影響を与える「WHY」の部分です。つまり、これらすべての要素に大きな影響を与え、ヒトの〝気〟に最もレバレッジが効く投資対象こそ「企業文化」であると本書では主張したいのです。

別の視点から見てみましょう。物質的な豊かさを十分に得られた現代というのは、数十年前と比較すると多くの人々にとって「働く意義」が変化してきていると言えます。「生きるために働く」ことが当たり前だった時代から、それぞれの人生において「働く意義とは何か」が問われている時代なのです。モーレツに働くことが当たり前だった旧世代に比べ、ミレニアル世代やZ世代というのは会社選びや働き方に対しての価値観が実に多様化してきています。そんな時代や世代に選ばれ、かつそんな人たちがやる気に満ちて働き続けることができる環境を、どのように実現すべきでしょうか。

まさに今問われているのは、企業そのものの「生き方」であり「生きがい」です。その姿勢や行動に対する「共感」がトリガーとなり、自分の「生きがい」に照らし合わせて会社を選び、楽しく働く時代なのです。そして、この企業の「生き方」や滲み出る「生きがい」こそが「企業文化」です。

強い企業文化こそ、これからも多くの人を惹きつけ、湧き出る組織エネルギーの源泉になるのです。本書では、〝気〟と同じように決して目にも見えず、定量的にも測れない「企業文化」というものに輪郭を与え、意味や意義を深め、多くの事例とともに可能な限り手触りのある「デザイン対象物」へと昇華させていきたいと思います。

なぜ「デザイン」なのか？

本書のタイトルは『企業文化をデザインする』です。「企業文化を創る」でも、「企業文化を育む」でもありません。「デザイン」とは至るところで使われる便利な言葉ですが、この言葉が内包する広域な意味のために誤解を招いてしまうことも少なくありません。

本書で用いる「デザイン」とは、ただの見た目を整えるための「デザイン」ではありません。「デザイン」とは複雑な物事を可能な限りシンプルにするフィルターであり、絡み合ったトレードオフのバランスをとって着地させる技であり、思考や技術を極めて人間的な営みに馴染ませるための知恵です。

「企業文化」は目に見えません。定量的に表すこともできません。100社あれば100社の異なる企業文化があり、文化の生い立ちや成り立ちは極めて複雑であり、放っておくと常に移ろい変化します。たとえば「ビジョン・ミッション・バリュー」のように可視化されたものは企業文化の一部ではあるものの、決して「すべて」ではありません。

つまり、これほど広域で複雑さを極める「企業文化」というものを、自社にとって最良のものにし続けるということは、日々の観察を通じた「デザイン」の力でしかなし得ないのです。

私たちが日々「感覚」で感じ取れるものを、あらゆるステークホルダーに対して説得力を持って推進していくための技法が「デザイン」です。本書を通じて「企業文化をデザイン」することの意味と意義を感じ取ってもらいたいと思います。

そして、多くの人・企業が「企業文化」から得られる最良のエネルギーを手に、悔いのない生き方を見つけ、力強く歩み続けることができる未来の創造に少しでも貢献できればと思います。企業文化をデザインすることは、それぞれの企業、置かれた環境、組織を構成する人々を含めた圧倒的な「内省」から始まります。優れた企業文化の答えとは、自らの内側にしかないのです。そんな長い長い旅路に、本書とともに一緒に踏み出していきましょう。

『企業文化をデザインする』目次

第2章 企業カルチャーを知る前に知るべきこと

第5章 カルチャーのデザイン要件

第6章 感情エネルギーこそカルチャーの源泉

第7章 終わりなきカルチャーデザインの実情

第8章 カルチャーをデザインするリーダーシップ

第9章 カルチャーデザインの落とし穴

カバーデザイン　井上新八
本文デザイン　浅井寛子
編集協力　貝瀬裕一（MXエンジニアリング）

序章

企業カルチャー（企業文化）という無形資産の衝撃

「熱狂」の源泉

> 企業のカルチャーは創業過程／成長過程の中でさまざまな成功／失敗体験を通じて構築され、深められ、時を経て移ろい変化する。カルチャーは注意深くデザインし続けなければ自然の摂理のように組織の拡大とともに薄まり、時代や環境の変化に影響を受ける。企業を永続的に成功に導きたいのであれば、企業活動のあらゆる土台となる企業文化を作らなければならない。

結局、私が本書を通じて言いたいことは、この一節に尽きると思っています。これが、私の20年近いビジネスキャリアを「企業カルチャー」という視座から眺めたときの、果てしなく続く「企業のカルチャーとは何か?」という深い問いに対する、現時点での答えです。

私は今までのビジネスキャリアで、おそらくほかの誰よりも企業カルチャーを背負い、観察し、醸成することを意識的／無意識的に行ない続けてきました。

２００６年に新卒で入社したＵＳＥＮ（現USEN-NEXT HOLDINGS）では、企業カルチャーの純粋培養ともいえる新入社員（プロパー）として、同期３６０人を入社前から束ねる役割を人事部とともに行ないました。また、次に入社したVOYAGE GROUP（現CARTA HOLDINGS、当時はサイバーエージェントの子会社、のちにＭＢＯで単独上場を果たす）では、本業に取り組むかたわら、数期にわたって社員総会の総合プロデューサーという形で企業カルチャーの可視化と浸透に携わり、のちに解説するカルチャー醸成のキードライバーとなる「新入社員採用」プロジェクトにも長らくかかわりました。

ただし、企業のカルチャーを「企業の競争環境における最大の優位性」「企業の永続的な成長／成功における最重要ファクター」としてはっきり認知したのは、このあとに参画したスマートニュースでの経験でした。

２０１２年12月にリリースされた革新的なニュースアプリ「スマートニュース」のユーザー体験に衝撃を受け、私がスマートニュース（当時はゴクロ）に引き寄せられるように入社したのは、１年後の２０１３年12月。本書を執筆中の２０２３年１月時点で、同社の日米における月間アクティブユーザー数は２０００万人以上、直近の企業価値は評価額で

２１００億円に達し、俗にいう〝ユニコーン企業〟となっています。しかし、私が入社した当時は、10名にも満たないエンジニア中心のスタートアップでした。

「世界中の良質な情報を必要な人々に送り届ける」というミッションの実現に向かい、熱狂的な内部エネルギーを原動力とするとともに、ニュースアプリ領域での他社との激しい競争にもまれながら、スマートニュースというプロダクトは圧倒的なスピードで成長していきました。まるで、強い磁力か重力を持つかのように優秀な人材を次々と惹きつけた求心力は、間違いなく「良質なプロダクト」を中心とした企業カルチャーという社内の心理的エンジンでした。そんな思いが私の中で確信へと変わったきっかけが、２０１７年に渡米した際に体験した「生きたカルチャーデザイン」でした。

エアビーアンドビー本社で受けた衝撃

私が人事領域全般にかかわっていた当時、スマートニュースでは組織の拡大と良質なカルチャーの維持が課題となっており、同社初のバリューを中心としたカルチャーの可視化に動きはじめていました。

そんな折、サンフランシスコの拠点立ち上げと企業カルチャーの醸成を手がけていた同

2017年5月に訪問したエアビーアンドビー本社中央の吹き抜けの様子

僚が「きっと君の仕事の参考になる」とエアビーアンドビーの本社訪問のアポイントを取ってくれました。

2008年に3人で創業された同社は、今や民泊仲介&シェアリングエコノミーの代表的企業です。単なるホテルの代替手段としてではなく、旅行先の地域に根ざした新しい旅行&宿泊体験を提供するプラットフォームとして急成長し、2017年の訪問時にはすでに世界中に5000人弱の従業員を抱えるほどに成長していました。サンフランシスコにかまえた本社は、そんな彼らのカルチャーを体現するまさに中心地だったのです。

「Belonging Anywhere（暮らすように旅しよう）」というグローバルミッションやコアバ

リューを至るところに感じさせるオフィスデザイン。まるで世界中をエアビーアンドビーのサービスを利用しながら旅をして、暮らしているように、あらゆる都市を再現した多彩なワークスペース。そして、アテンドしてくれたスタッフの口から繰り返し語られる企業カルチャーの素晴らしさ。それまでにも私には、グーグル本社をはじめ国内外のあらゆるオフィスへの訪問経験がありましたが、エアビーアンドビーのオフィス体験は明らかに他社での体験とは異なりました。

「豪華なカフェテリアや卓球テーブル、スタッフが気ままに働ける自由度の高いオフィスはあくまで手段であり、企業のカルチャーという本質の一端にすぎない」という強烈な主張を感じました。私は、現地ならではの強烈なエネルギーを感じ、訪問直後からエアビーアンドビーという会社の成り立ちや戦略／戦術など、知り得る情報を貪るように消化した結果、1つのシンプルな事実に突き当たりました。

創業初期から、エアビーアンドビーの企業カルチャーは意図的に、そして徹底的に「デザイン」されていたのです。3人の創業者は最初から自分たちの憧れの企業を徹底的に研究し尽くし、それらの企業に共通する「カルチャー」の重要性を理解し、当時からコアバリューをはじめとした企業カルチャーの可視化と、それを重視した採用を積み重ねていました。

また、グーグルやメタ（旧フェイスブック）などの創業者が技術的なバックグラウンドを持つのに対して、エアビーアンドビーの創業者であるブライアン・チェスキーとジョー・ゲビアのバックグラウンドは美術＆デザインでした。彼らはソリューションとしてのテクノロジーに依存しすぎることなく、企業カルチャーという視座に立ち、常に会社そのものをデザインし続けていたのです。

そんな「生きたカルチャーデザイン」との強烈な出会いは、いまだに私の心に強く残っており、今回の執筆を突き動かしています。

エアビーアンドビーは、２０２０年には新型コロナウイルス感染症の世界的流行という、旅行＆宿泊業界にとって致命的なダメージを受けた影響で、レイオフなどの苦境を経験しました。しかし、それにもかかわらず、２０２２年には過去最高の売上と同社初の黒字化を達成しています。こうした同社の強さの根本に「カルチャーデザインの力」があると思うのは考えすぎでしょうか？　本書の旅路におつき合いいただいたあとに、各自ご判断いただければと思います。

なぜ、今カルチャーデザインなのか？

これまで企業カルチャーを大切に育んできた会社は、日本企業も含め枚挙にいとまがありません。ただし、今まで企業カルチャーそのものに光が当てられることはあまりありませんでした。そもそも経営資源の三大要素「ヒト・モノ・カネ・情報」において、ヒトには曖昧な部分、すなわち属人的／匿名的な要素が多いので、ナレッジとしてシェアされにくいという前提があります。

まずは、その前提に立ち、今という時代背景をしっかりと捉える必要があります。

1つ明確に言えることは、今までは「ヒト以外の要因」で企業の成長や成功を説明できました。日本であれば、高度経済成長期は昇りのエスカレーターに乗っている状態だったので、他社よりも努力を積み重ねることで成功できる確率が上がりました。また、他社よりも優れた製品さえ作れば、顧客が選んでくれました。

さらに、インターネットによる情報革命は、競合他社の製品／サービスをリバースエンジニアリングすることを可能にし、その成功要因を高い解像度で把握できるようになりました。つまり、カルチャーのような曖昧なものを考える必要はなく、常に明確なものを扱うことで成功できたのです。

　しかし時間がたつにつれて、一定レベル以上に達した各社の製品やサービスのクオリティは、容易に差別できるものではなくなりました。また、世界が「ＶＵＣＡ（ブーカ）」と呼ばれる時代に突入し、企業経営の変数におけるVolatility（変動性）、Uncertainty（不確実性）、Complexity（複雑性）、Ambiguity（曖昧性）が高まりました。たとえば、近年の新型コロナウイルス感染症の流行やウクライナ危機の発生などはその最たるものです。

　今あらゆる事象を「明快で説明可能」な状態にするコストが急激に高まっています。裏を返すと、**「曖昧で説明不可能なもの」を、そして「複雑なものを複雑なまま」に許容し、デザインすることが必要になっている**のではないでしょうか。この曖昧なもの、複雑なものこそが、経営資源においては「ヒト」の領域であり、本書のテーマである「企業カルチャー」という空気のようなものです。これらに対するデザインアプローチの重要性は日増しに高まっています。

　私自身が経営者としてコミットしているスタートアップの領域においても、モバイルインターネット、スマートフォン、クラウド技術が登場した2000年以降は、「過度なプロダクト偏重」志向が蔓延していました。もちろん、プロダクト志向自体は決して悪いことではありませんし、テクノロジーと組み合わさることでスタートアップにおける短期の事業成長の原動力となっているのは事実です。

ですが、プロダクトにハイライトが当てられる一方で、企業カルチャーを中心とした「組織や人を育むこと」がローライトとなったことによる〝組織崩壊〟が多数発生しています。私自身、成功した一握りの経営者のすぐ隣で、涙を飲んだ経営者や元従業員をたくさん見てきました。

また、2022年後半からは、巣ごもり消費の拡大によるコロナバブルの落ち着きとリアル消費への揺り戻しが始まるとともに、世界的な不況が予測されたことで、国内外の多くの主要テック企業がレイオフや人員削減を断行しています。

こんなときだからこそ、**企業規模の大小にかかわらず、短期の成長に注力するだけでなく、将来に向けた中長期の健全な成長のために「企業カルチャーのデザイン」に注目すべきではないでしょうか。**個人的には、こうした視点なしには、VUCA時代の荒波を乗り切ることは不可能だと思います。

カルチャーはデザインされるべき人工物

本書では、〝曖昧さの塊〟ともいえる「企業カルチャー」を可能な限り、手触りと輪郭を持つ「デザイン対象物」として扱いたいと考えています。

ここで冒頭の一節を繰り返します。

> 企業のカルチャーは創業過程／成長過程の中でさまざまな成功／失敗体験を通じて構築され、深められ、時を経て移ろい変化する。カルチャーは注意深くデザインし続けなければ自然の摂理のように組織の拡大とともに薄まり、時代や環境の変化に影響を受ける。企業を永続的に成功に導きたいのであれば、企業活動のあらゆる土台となる企業文化を作らなければならない。

初めは創業者の信念／価値観とほぼイコールだった企業カルチャーは、組織の成功／失敗と集団的学習を通じてメンバーの深層心理に刻み込まれるという生成プロセスを経ます。

また、企業カルチャーは、組織の成長や環境変化など、さまざまな戦略変数や環境要因によって、常に変化する可能性があったり、経年劣化のリスクにさらされています。

こうした企業カルチャーの性質を正しく理解し、常に注意深く観察し、適切な方向に導くことができれば、企業の中長期の成長／成功に欠かせない駆動エンジンとすることができます。

ヒトは程度の差こそあれ、基本的には「感情をエネルギーとする内燃機関」です。組織が、個々人の内燃機関が持つエネルギーを最大化し、企業経営における重要なドライバーとして活用できるかどうかは、結局のところ、「カルチャーデザインをやるか／やらないか」にかかっています。強力な組織エネルギーの源泉となる、企業カルチャーをデザインできるか否かで、企業の成長と存続が決まります。

本書の構成

本書の構成は次の通りです。

第1章では、「なぜ企業のカルチャーが大切なのか?」という「Ｗｈｙ」の部分からスタートします。人類の歴史や組織の構造という観点から、「カルチャーがどのように機能するのか？」という具体的な手触りと輪郭を提示します。

第2章では、前提となる企業の目的やカルチャーと双璧を成す「戦略」との関係性を整理します。

第3章では、カルチャーの相似領域である「宗教」から、第4章では具体的な企業やプロスポーツチームの事例から学ぶことで、企業カルチャーへの理解を深めます。

第5章では、実際に企業カルチャーをデザインするにあたっての要件をまとめます。大枠のデザイン要件を頭に入れていただいたうえで、第6章では、カルチャーデザインにおける最大のテーマである「感情エネルギー」について可能な限り解き明かします。

第7章以降では、カルチャーデザインのプロセスにおけるより具体的なハウツーを提供します。カルチャーをデザインするうえでの具体的な行動デザイン、必要となるリーダーシップ、避けるべき落とし穴を解説します。

企業のカルチャーデザインは、製品／サービスを開発したり、プロジェクトを動かしたりするのとは異なる「終わりのない旅」であり、同時に「自社とは何か？」という「自問自答の旅」です。さらに言ってしまえば、組織の個々のメンバーにとっては1人の人間として「自分の人生をどう生きたいのか?」に相当する問いでもあります。すなわち、企業カルチャーとはその会社とメンバーの「生き方」論なのです。だからこそ、組織の根本的な部分において重要なのであり、企業の永続的な成長/成功に欠かせない土台なのです。

ではご一緒にカルチャーデザインを巡る旅路に踏み出しましょう。

序章のまとめ

□ＶＵＣＡ時代の今、企業規模の大小にかかわらず、短期の成長に注力するだけでなく、将来に向けた中長期の健全な成長のために、これまでおろそかにされがちだった「企業カルチャーのデザイン」に注目すべき。

□企業カルチャーの性質を正しく理解し、常に注意深く観察し、適切な方向に導くことができれば、企業の中長期の成長／成功に欠かせない駆動エンジンとすることができる。

□企業カルチャーとは、組織とメンバーの「生き方」論。だからこそ、組織の根本的な部分において重要であり、永続的な成長／成功に欠かせない土台となる。

第1章

なぜ「企業カルチャー」は大切なのか？

つかみどころのない企業カルチャーとの対話

皆さんは「企業カルチャー」と聞いて、いったいどのようなものを思い浮かべるでしょうか？

それはそれぞれの社内に空気のように存在していて、２つとして同じものはない、その企業のＤＮＡや血液のようなものです。これほど重要なものにもかかわらず、多くの人は、企業カルチャーに正面から向き合い、それが「根本的に何なのか？」「なぜ大切なのか？」「どんな構造でどんな力学が働くのか？」「どのように組織内に浸透させればよいのか？」「どうやって維持していけばよいのか？」などと深く考えることはありません。

かく言う私も、そんな企業カルチャーという概念に初めて触れたのは就職活動時代です。会社には「組織風土」と呼ばれているものがあって、どうやら会社ごとに全然違うらしい――実際、ＯＢ訪問で何人もの先輩に話を聞く機会がありましたが、研究室にこもりっぱなしの理系大学院生だった自分には、結局その「風土」というものがまったくイメージできませんでした。そして「風土」は、企業カルチャーの１つの構成要素であると知ったのは、社会人になってからでした。

序章でも述べましたが、今ほど企業カルチャーの重要性が高まっている時代はないと思います。企業経営における変数がより複雑に、より曖昧に、より不安定になる中で、「曖昧なものを曖昧なまま許容してデザインする力」こそ、企業経営における中長期の競争優位につながるといえるでしょう。その「曖昧なもの」の代表が企業カルチャーです。

企業カルチャーは、数字のように単純に足し引きしたり、割り切ることができず、信号機のように赤か青かもはっきりしません。企業カルチャーは、いわば無限に続く円周率の数字のようなものであり、青とオレンジと紫の境目がはっきりしない美しい朝焼けのようなものです。

１００社あれば１００通りのカルチャーがあり、それぞれを良い悪いと言い切ることはできません。だからこそ、自社をしっかり観察して、**「自分たちにとって本当に必要なカルチャーとはどんなものなのか？」「どうすればそれを力強く維持できるのか？」、すなわち「自分たちはどのように生きたいのか？」を常に問い続けなければなりません。**カルチャーデザインとは、そんな自社のヒトや組織の内面との永続的な対話なのです。

企業カルチャーとは何か?

そもそも「企業カルチャー」とは何なのでしょうか?
どう定義すべきなのでしょうか?
本書では、カルチャーデザインを次のように定義します。

その企業が信じるもの、そして
それに基づき判断/行動することのすべて。

ヒトの行動は、どれほど些細なものであっても、あるいは、どれほど大胆なものであっても、次の2種類に分けられます。

1 衝動的行動

2 計画的行動

もちろん、企業組織におけるヒトの行動は「各自が信じるもの」に基づいた「計画的行動」です。つまり、企業カルチャーとは、経営陣からマネジメント層、現場スタッフまで含めた組織の全員が「各自が信じるもの」に基づいて行なった無数の判断／行動の集積なのです。そう考えると、このすべての判断／行動の起点となる「信じるもの」がいかに重要かがわかります。そして、組織で働く人たちの「信じるもの」は、会社のビジョンやミッション、あるいは経営陣や上司や同僚の言動によって日々影響を受けています。

なぜホモ・サピエンスだけが生き残ったのか？

ヒト以外の動物は「衝動的行動」しかできません。

たとえば、ヒトを特徴づけるものとして「遠くへの憧れ」があります。崖の上で遠くを見つめるライオンとヒトの決定的な違いは「憧れ」があるか否かです。崖の上でライオンが遠くを見つめるときは、食欲という生理的欲求に基づき獲物を探しているだけです。しかし、ヒトは崖の上から見渡せる景色の先に別の世界があることを信じ、そこに向かって行動することができるのです。

このことを人類の歴史から紐解いてみましょう。ベストセラー『サピエンス全史』(河出書房新社、2016年)の著者ユヴァル・ノア・ハラリは、数万年前に登場した人類の直接的な祖先「ホモ・サピエンス」だけが圧倒的競争優位を持ち、現在まで生き残れた理由は、彼らが「虚構を信じる能力」を持っていたからだと論じています。

「虚構を信じる能力」とは、あるかないかわからないものを空想し、それを信じることで「想像上の現実」を生み出す能力です。この能力の獲得により、ホモ・サピエンスは、血縁や親密性のみでつながることができる群れの限界(おおむね150人まで=ダンバー数)を哺乳類として初めて突破し、何千、何万もの個体を束ねることに成功しました。その結果、地球上で最も繁栄する生物となったのです。

これをビジネスの文脈に置き換えると、企業が個人の力を束ね、その力を最大限に発揮し、独自の価値を発揮し続ける源泉は「その集団が何を信じて、判断/行動しているか(=

企業カルチャー）」となるでしょう。であれば、中長期にわたり勝ち続けたいと思ったら、「ほかのどの企業よりも優れた強力なカルチャーを持つ必要がある」とも言えます。

企業カルチャーの逆三角形

企業カルチャーは、つかみどころがない空気のようなものですが、ここでは考察を進めるために図にしてみます。

私は、企業カルチャーを次の逆三角形で表せると考えています（次ページ図１－１）。

1 - 1「企業カルチャー」の逆三角形

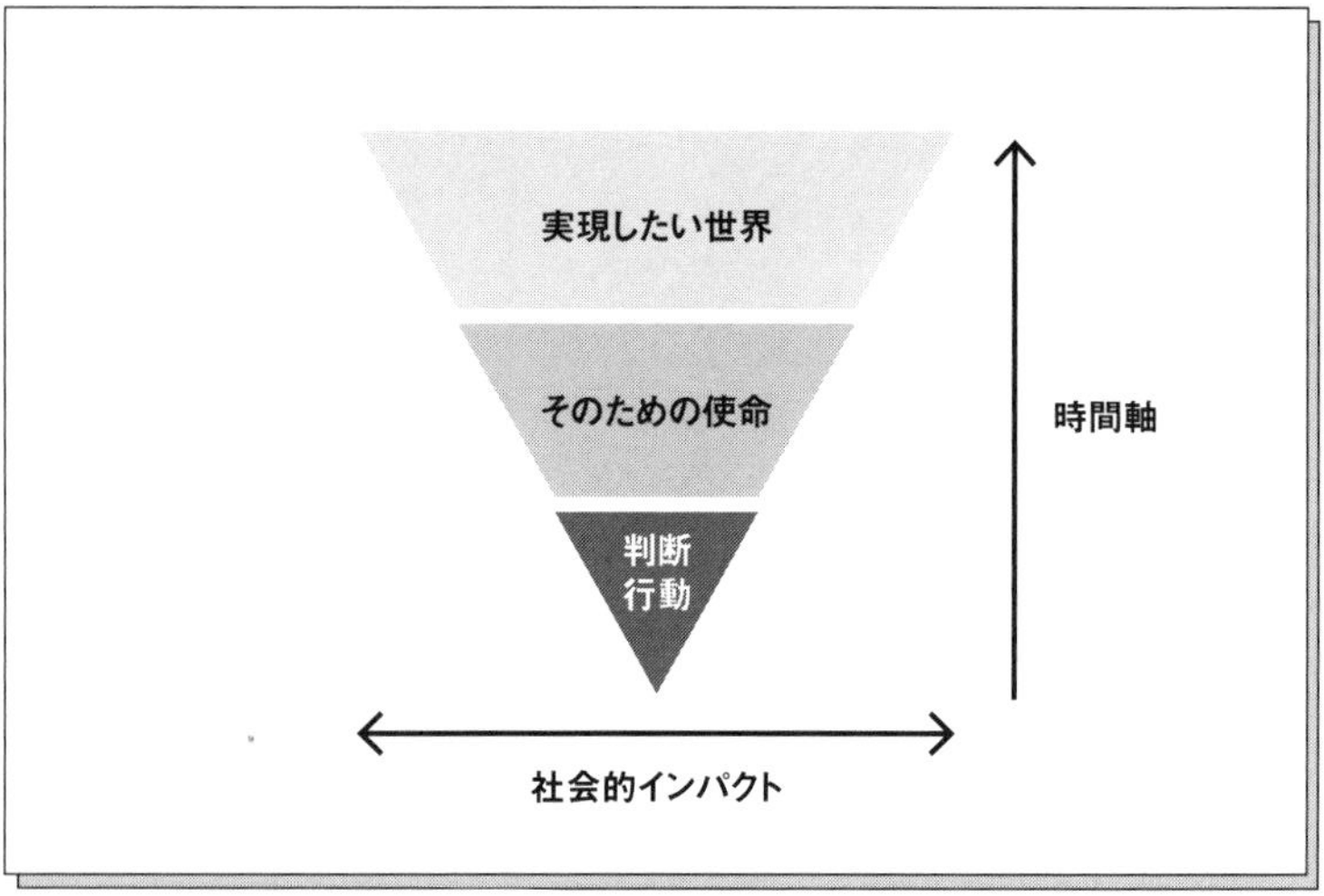
実現したい世界
そのための使命
判断
行動
時間軸
社会的インパクト

　ご覧の通り、縦方向に「時間軸」、横方向に「社会的インパクト」を設定しています。

　時間軸は上方向に向かうにつれて長期的になることを意味します。そのため最上位に、その企業が「実現したい世界」を置きました。そして、企業が社会に与えるインパクトは、上位に向かう（時間が経過する）ほど左右に広がっていきます。

「実現したい世界」の下位に、それを実現するための想いとしての「そのための使命」が続きます。このレイヤーになって初めて、理想が具体的なプロダクト／サービスという形をとって事業に落とし込まれます。

　さらに、その下の短期的な部分に目を向けると、使命を果たすための「判断／行動」、およびそれを行なううえで大切な価値観や行動規範

1-2　「企業カルチャー」を可視化した逆三角形

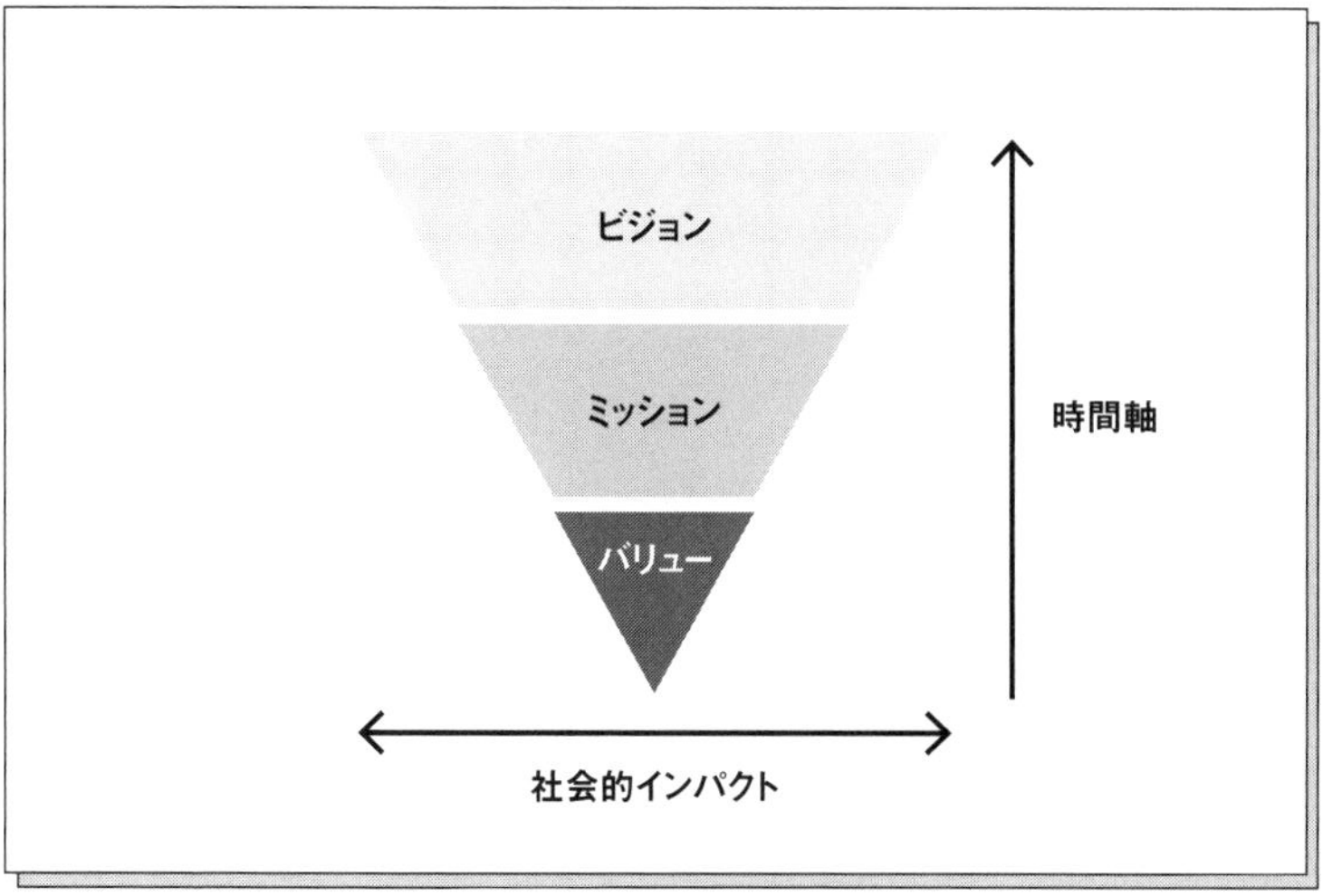
ビジョン
ミッション
バリュー
時間軸
社会的インパクト

が存在します。

この逆三角形が「その企業が信じるもの」と「それに基づき判断／行動することのすべて」という企業カルチャーを可視化したモデルとなります。

また、この三角形に入れる言葉は図1-2のように言い換えることもできます。多くの方は、こちらの言葉のほうが馴染み深いかもしれませんね。

「スタンス」と「スタイル」から見た企業カルチャーの本質

ただし、「これで企業カルチャーの全貌が可視化できた！」と早合点してはいけません。あえてきつい言葉をつかうと、ここで**可視化した企業のビジョン／ミッション／バリューは企業が内包するカルチャーの上澄みにすぎません。**その理由はのちほどお伝えするとして、ここでは「スタンス」と「スタイル」という、わかりやすい２つのデザインボキャブラリーを使ってその本質を垣間見てみます。本書ではこの２つを次のように定義します（次ページ図１－３）。

〈スタンス〉

・自社の企業カルチャーとして宣言しているもの

・目に見えるもの

1-3 企業カルチャーにおける「スタンス」と「スタイル」の違い

スタンス	スタイル
企業のカルチャーとして宣言している	企業のカルチャーとして宣言していない
目に見える	目に見えない
可視化され言語化されている	可視化も言語化もされていない
静的	動的
（例）ビジョン、ミッション、コアバリュー	（例）リーダーの日々の言動や行動

・可視化され言語化されているもの
・静的なもの

〈スタイル〉
・自社の企業カルチャーとして宣言していないもの
・目に見えないもの
・可視化も言語化もされていないもの
・動的なもの

多くの企業では、スタンスを明確にしつつも、スタイルは〝暗黙の了解〟としてグレーゾーンになっています。これは、良い悪いの話ではありません。企業カルチャーのすべてをスタンスとして明文化したら、それこそ「当社の企業文化辞典」のような誰も読まない分厚い冊子が出来上がってしまいます。スタンスはしばしば「コアバリュー」「行動規範」という形式で可視化、言語化されますが、それはあくまで企業カルチャーの上澄みにすぎないということです。

多くの企業カルチャーの実態は、最大公約数的なスタンスというカルチャーの上澄みと、その下に広がる広大なグレーゾーン領域であるスタイルの複合体です。

その理由は次の通りです。

スタンスとして明確にした瞬間から、それは「静的」になり、次のアップデートまで同じ状態であり続けます。一方、実態としての企業カルチャーは「ヒト」「組織」の新陳代謝を前提とした「動的」なものです。つまり、企業カルチャーは本来ダイナミックシステムなのです。

スタンスを明確にすること自体は、組織の「共通言語」や「共有する価値観」をポータブル化し、評価システムなどの組織運営システムに組み込みやすくなるという観点からは、極めて合理的ではあります。しかし、一方で「企業カルチャーは本来ダイナミックシステムである」ことと矛盾します。

また、企業カルチャーにおいては、スタンスとスタイルにギャップが生じることは許されません。

わかりやすい例を挙げましょう。

たとえば、「ワークライフバランス重視」をスタンスに掲げる企業のトップが、土日祝日もおかまいなしにメールやチャットで従業員に指示を出しまくるというスタイルの仕事をしていたらどうでしょう？　明らかにスタンスとスタイルのギャップですよね。

「経営の言行一致」の重要性はよく語られますが。これができていないと、経営者や組織に対する信頼はどうしても揺らぎます。従業員体験（Employee Experience：EX）は、会社や経営層／マネジメント層の言行一致に強く影響されます。「企業カルチャーとして宣言した約束を守れるのか、守れないのか」に従業員は敏感に反応します。

約束を守るのはごく当たり前の話だと思われるかもしれませんが、実際にはスタンスとスタイルにギャップがある企業は少なくありません。ここに組織デザイン／カルチャーデザインのキモがあります。このような企業カルチャーの観点から見たリスクと、それを回避するためのカルチャーデザインについては、本書の後半でさらに掘り下げます。

人は「Why」によってのみ突き動かされる

先ほど、「ホモ・サピエンスだけが持ち得た『虚構を信じる能力』が会社組織の起点であり、原動力であるがゆえに『企業カルチャー』が重要なのだ」という趣旨のことを述べました。この「虚構」は「行動」へと移行する際のエネルギー源です。そのときに重要な役割を担うのが「Ｗｈｙ（なぜ？）」という言葉です。

往々にして、人は「Ｗｈｙ」と問われることを避けがちです。というのも、答えを得られるまでに大量の思考を重ねる必要がありますし、時間もかかるからです。また、ときとして他人に触れられたくない心の深部をゆさぶられることもあります。

組織行動デザインの観点から考えると、「Ｗｈｙ」を省いたほうが効率的です。たとえば、組織内をトップダウンによる指揮／命令だけに従うようにすれば、上層部は「Ｗｈｙ」の説明コストを省けますし、現場も「Ｗｈｙ」の答えを考える必要がありませんから、機敏かつ迅速な組織行動を生み出せるでしょう。これが最も効率的な組織行動デザインでしょう。実際、各国の軍隊／警察組織ではその傾向があるといえます。

しかし、人間は感情の動物です。その行動は、外発的なインセンティブと内発的なモチベーションの危ういバランスの上で決まります。特に、物質的に豊かになると同時に社会が複雑化した現代は、内発的モチベーション優位の時代といえるでしょう。となると、**「Why（なぜ大切なのか、なぜやるのか）」の説明なしでは、人の心は動かないし、行動にもつながりません。**

もちろん、このことはビジネスの現場にも当てはまります（次ページ図1－4）。企業カルチャーやリーダーシップを考えるうえで、「Why」を欠かすことはできません。もし皆さんが「優れた企業を作りたい」「優れたビジネスリーダーになりたい」と考えているのであれば、「Why」から逃げてはいけません。

1 - 4 “Why”とは何か？ なぜ大切か？

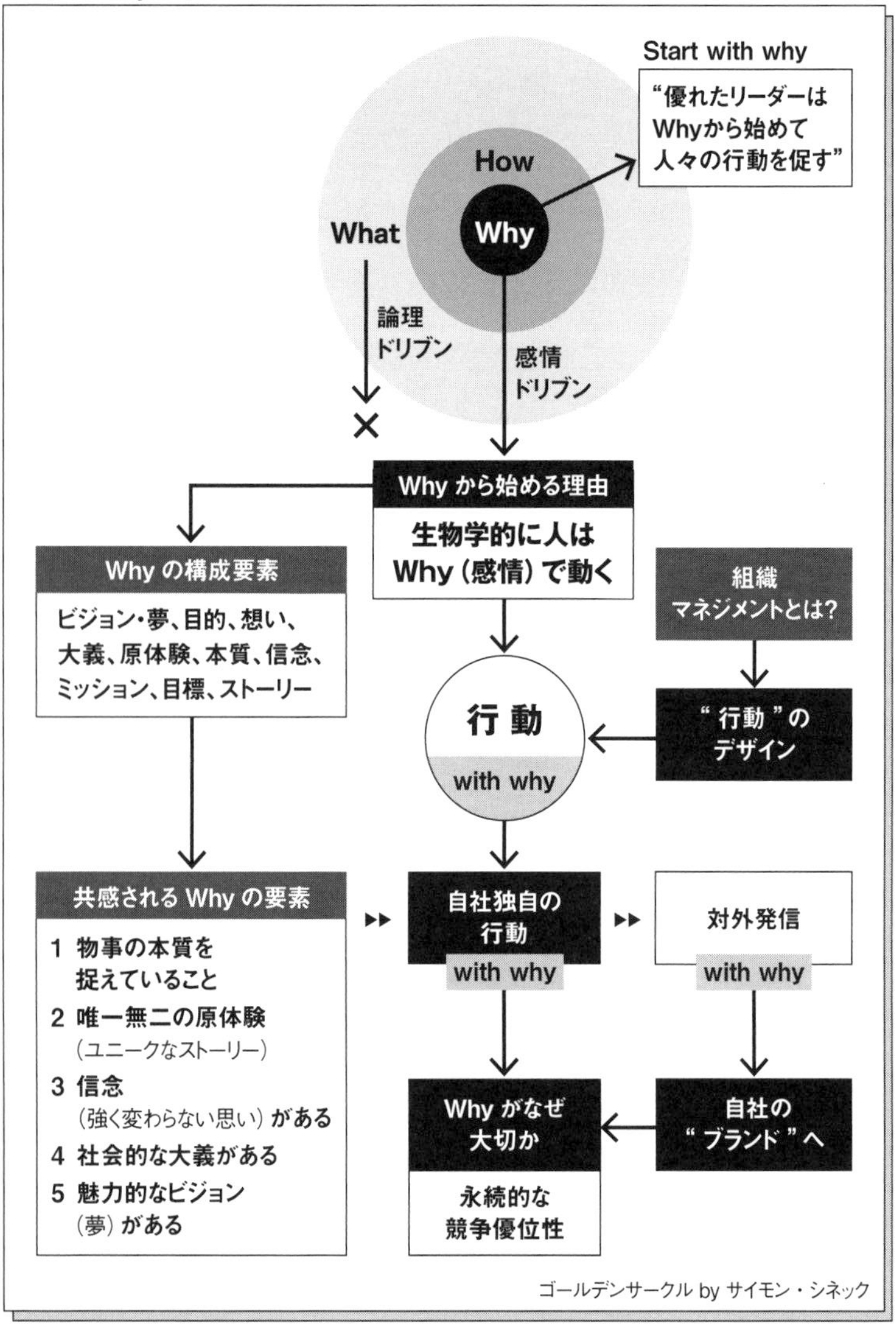
Start with why
“優れたリーダーは
Whyから始めて
人々の行動を促す”
How
What
Why
論理
ドリブン
感情
ドリブン
×
Whyから始める理由
生物学的に人は
Why（感情）で動く
Whyの構成要素
ビジョン・夢、目的、想い、
大義、原体験、本質、信念、
ミッション、目標、ストーリー
組織
マネジメントとは？
行動
with why
“行動”の
デザイン
共感されるWhyの要素
1 物事の本質を
捉えていること
2 唯一無二の原体験
（ユニークなストーリー）
3 信念
（強く変わらない思い）がある
4 社会的な大義がある
5 魅力的なビジョン
（夢）がある
自社独自の
行動
with why
対外発信
with why
Whyがなぜ
大切か
永続的な
競争優位性
自社の
“ブランド”へ
ゴールデンサークル by サイモン・シネック

ここで、多くのコアなファンやユーザーを惹きつけてやまないアップルの事例を見てみましょう。

２０１１年に亡くなった創業者スティーブ・ジョブズは、まさに「Ｗｈｙ」から語り続ける経営者でした。１９８５年にアップルから追放され、１９９６年に復帰した彼が最初に取り組んだのが、今も伝説として語り継がれる「Think Different」キャンペーンです（１９９７年）。

これは、彼がアップルという会社を通じて全世界に突きつけたメッセージです。世界を変えた偉人たちを登場させた全編モノクロのコマーシャルは強烈でした。通常のコマーシャルは「その製品がいかに素晴らしいか」という「Ｗｈａｔ」を最初にアピールします。まず「これは何か（Ｗｈａｔ）」、そして「どのように機能するのか（Ｈｏｗ）」と進み、最後に「なぜあなたはその製品を買う必要があるのか（Ｗｈｙ）」というのが普通の順番です。

ところが、「Think Different」のコマーシャルでは、製品（Ｗｈａｔ）は登場しませんし、「製品がどのように機能するのか（Ｈｏｗ）」もありません。語られるのは「アップルという会社がなぜ存在しているのか、世界をどのように見ているのか（Ｗｈｙ）」という企業哲学だけです。

このコマーシャルは、「世界を変えた偉人たちの多くは生前は変人と見られていた。し

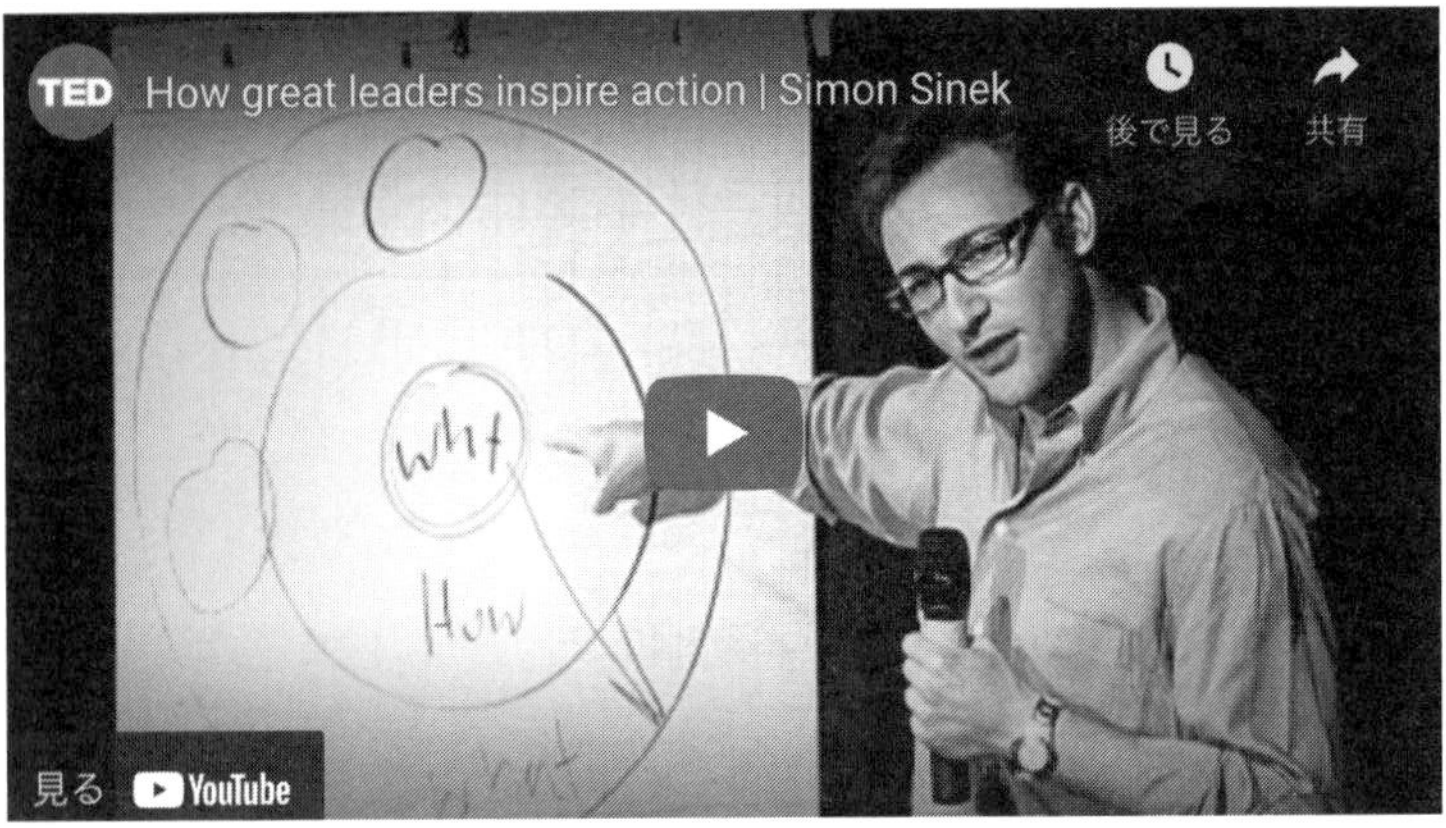
TED
How great leaders inspire action | Simon Sinek
後で見る
共有
見る
YouTube

TED　サイモン・シネック「優れたリーダーはどうやって行動を促すか」
https://www.ted.com/talks/simon_sinek_how_great_leaders_inspire_action?language=ja

かし、アップルは彼らこそ天才だと考えている。既成概念にとらわれず、独自の物差しを持って一緒に世界を変えていこう」というメッセージを投げかけ、人々との間に強烈な共感を作り出しました。それが浸透してから、ようやく「How（製品はどのように機能するのか）」や「What（それはどんな製品か）」を伝えたのです。このキャンペーンは大当たりし、アップルの奇跡的なV字回復の出発点となりました。

また、このキャンペーンに限らず、ジョブズはプレゼンテーションにおいても常に「Why」からスタートしました。最初に「Why」を投げかけることで、人々との間に共感を生み出し、行動に駆り立てたのです。

このアップルの事例を見ると、企業にとって「Why」という「虚構の未来図」をいかに打ち出すかが重要であることがわかります。そして、この「虚構の未来図」を「実態」に変えるのが企業カルチャーのデザインなのです。

なお、「Ｗｈｙ」から始めることの重要性は、リーダーシップ理論の研究者サイモン・シネックが提唱したゴールデンサークル理論により、今では世界的に知られています。ご興味ある方は、彼が登壇したＴＥＤの動画や、彼の書籍『ＷＨＹから始めよ！』（日本経済新聞出版、２０１２年）などをご覧ください。

第一章のまとめ

□カルチャーデザインとは、自社のヒトや組織の内面との永続的な対話。「自分たちにとって本当に必要なカルチャーとはどんなものなのか？」「どうすればそれを力強く維持できるのか？」を常に問い続ける必要がある。

□企業におけるカルチャーデザインとは「その企業が信じるもの、そしてそれに基づき判断／行動することのすべて」である。

□企業が個人の力を束ね、その力を最大限に発揮し、独自の価値を発揮し続ける源泉は「その集団が何を信じて、判断／行動しているか（＝企業カルチャー）」。中長期にわたり勝ち続けたければ、ほかのどの企業よりも優れた強力なカルチャーを持つ必要がある。

□ビジョン／ミッション／バリューを可視化することは重要だが、明文化されたスタンスは企業カルチャーの上澄みにすぎない。企業カルチャーの実態は、最大公約数的な「スタンス」というカルチャーの上澄みと、その下に広がる広大なグレーゾーン領域である「スタイル」の複合体。

□現代は、内発的モチベーション優位の時代。「Ｗｈｙ（なぜ大切なのか、なぜやるのか）」の説明なしでは、人の心は動かないし、行動にもつながらない。

第 2 章

企業カルチャーを知る前に知るべきこと

企業の目的と競争戦略

この章では、企業カルチャーに関する基礎知識を解説します。

企業カルチャーを語るのであれば、企業経営においてカルチャーと双璧を成す「競争優位」「競争戦略」についても語らねばなりません。すべての企業は競合他社との競争にさらされており、その環境を生き抜くことで、中長期にわたる組織と事業の成功を獲得できます。できるだけ長い期間にわたって社会に価値を提供し続けることこそ企業の使命です。これが「企業＝ゴーイングコンサーン」といわれるゆえんです。

さて、「企業が持つべき競争優位性とは何か？」と問われれば、「他社が簡単に真似できない強みを持つこと」という一言に集約できるでしょう。一般的には、短期的には業界内でのポジショニング、中長期にはオペレーションの強さが競争優位になるといわれます。この短期的なポジショニングも、中長期のオペレーションも、実は「企業カルチャー」の影響下にあります。マネジメント論で有名な経営学者ピーター・ドラッカーの次の言葉を聞いたことがある人も少なくないのではないでしょうか。

> *Culture eats strategy for breakfast.*
> （企業カルチャーは戦略を凌駕する）

どんなに優れた戦略も企業カルチャーに食われる。これを言い換えれば、「優れた企業カルチャーこそ優れた戦略となる」ということです。

戦略と企業カルチャーの相互作用とは何か？

このように企業の戦略とカルチャーは切っても切れない関係にあります。

その企業のカルチャーを無視する形で立案された事業戦略は、実行に携わるメンバーにとって「絵に描いた餅」になりかねません。同様に、企業の競争戦略を考慮に入れずにカルチャーをデザインすると、実態にそぐわない「悪いカルチャー」になりかねません。

戦略とカルチャーとの相互作用を表すフレームワークがいくつかあります。その中で、特に有名なものがマッキンゼーが開発した組織変革のフレームワーク「7S」です（図2－1）。

これは組織改革に必要な要素をまずハードとソフトの2つに分類し、それぞれが内包する要素を「7つのS」に分けることで、効果の出にくい個別最適ではなく、全体を捉えて組織や戦略をデザインすることの重要性を説いています。

そして、その中心を成すのが企業カルチャーのコアとなる「価値観（Shared Value）」であり、ハードとしての「戦略」が紐づいています。このように図式化すると、先ほどのドラッカーの

2－1　組織変革のフレームワーク「7S」

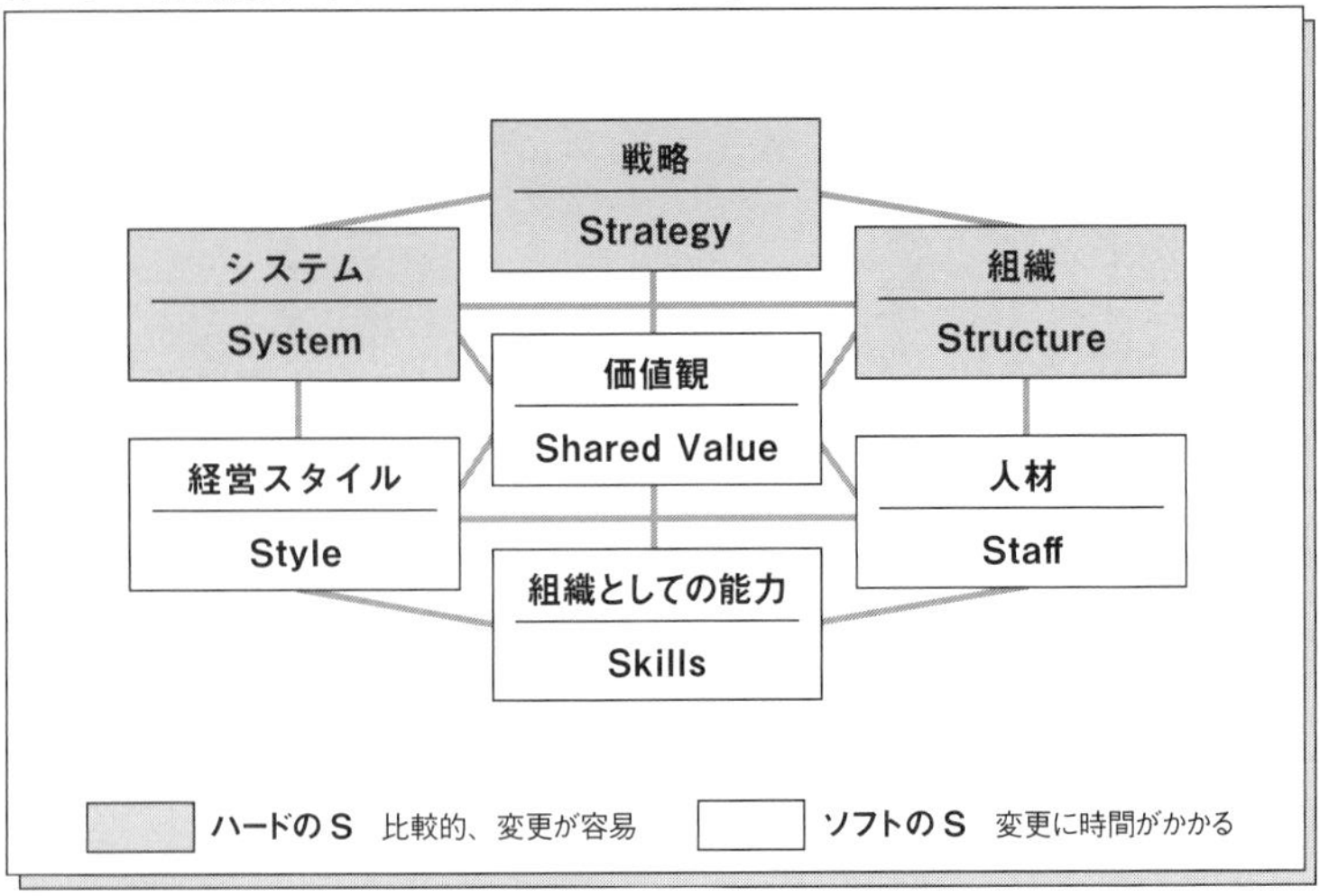
戦略
Strategy
システム
System
組織
Structure
価値観
Shared Value
経営スタイル
Style
人材
Staff
組織としての能力
Skills
ハードのS　比較的、変更が容易
ソフトのS　変更に時間がかかる

言葉がより理解しやすくなるのではないでしょうか。

Culture eats strategy for breakfast.
（企業カルチャーは戦略を凌駕する）

事業戦略にフィットするカルチャーを育む

企業として「登るべき山（目的）」と「登り方（戦略）」が、創業期から明確に決まっているのであれば、それに沿った企業カルチャーを戦略的に育む方法をとることもできます。この好例がメルカリ社の人事戦略です（次ページ図2－2）。

メルカリの組織作りにおける「コアバリューの明確化」と「コアバリューに沿った採用」は、一気にスタートアップ界隈のスタンダードになりました。

同社の3つのコアバリューのうち最も彼ら〝らしい〟のが「Go Bold（大胆にやろう）」

2-2 メルカリの人事組織戦略

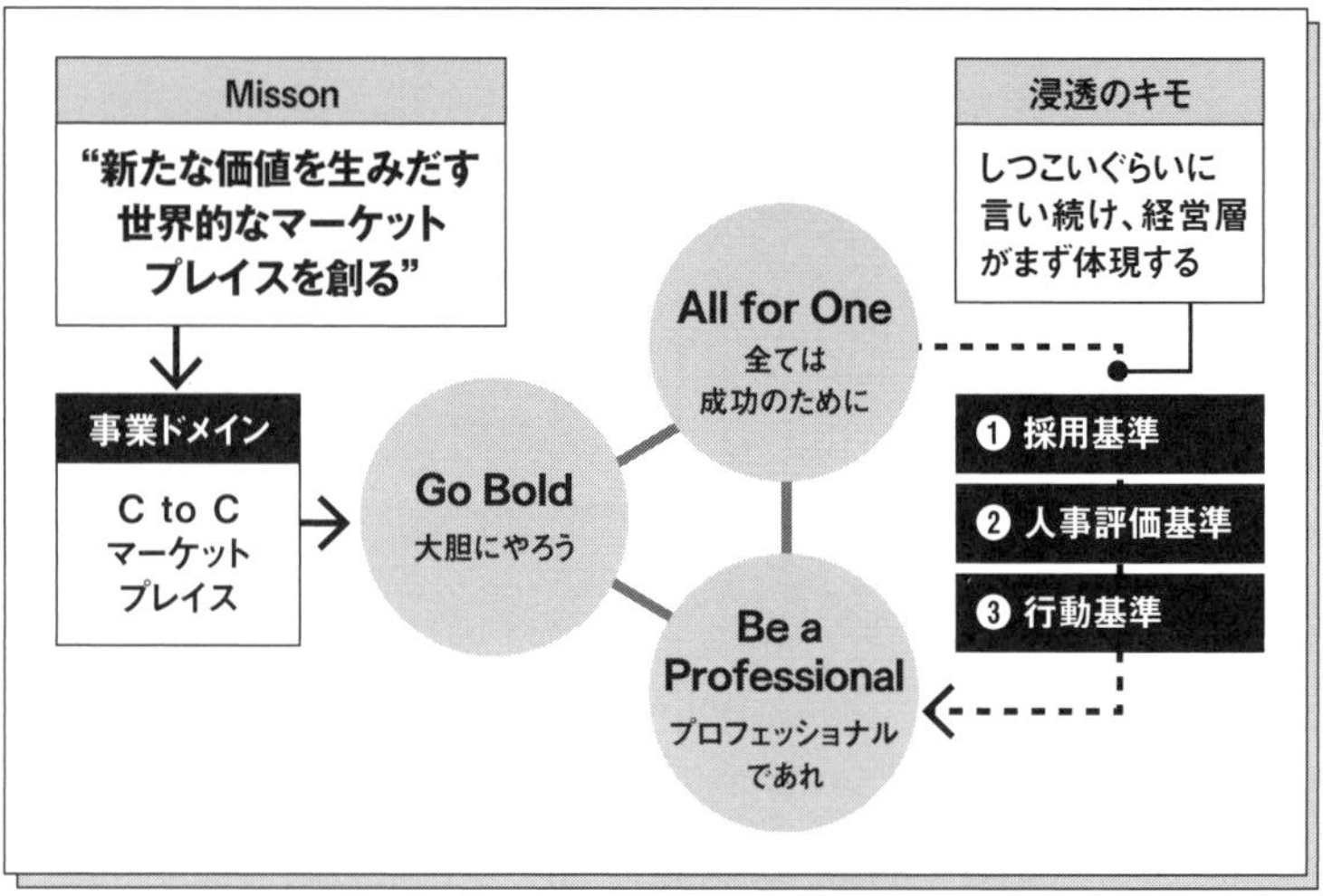
Misson
"新たな価値を生みだす世界的なマーケットプレイスを創る"
事業ドメイン
C to C マーケットプレイス
Go Bold
大胆にやろう
All for One
全ては成功のために
Be a Professional
プロフェッショナルであれ
浸透のキモ
しつこいぐらいに言い続け、経営層がまず体現する
❶ 採用基準
❷ 人事評価基準
❸ 行動基準

ですが、注目すべきはこのコアバリューにおける事業ポジショニングとの整合性です。メルカリが主戦場とするC to Cマーケットプレイスは「Winner Takes All（勝者総取り）」の世界。つまり、その領域で「競合よりも早く〝大胆に〟売り手と買い手を集める」ことが勝ち筋であり、彼らの競争戦略でした。

創業からアーリーグロース期にかけて、「後発ながらも、テレビCMなどの〝大胆な〟マスマーケティングで一気にマインドシェアを取りにいく」「手数料を〝大胆に〟無料にする」「〝大胆に〟UI／UXを徹底的に磨く」――こうした行動を推奨し、自社のカルチャーとして組織の末端にまで浸透させていきました。

シリアルアントレプレナーである経営陣のしたたかさは、事業戦略のみならず、組織戦略や

カルチャーデザインにも垣間見ることができます。実際、バリューを中心としたカルチャーの浸透は徹底的に行なわれたと聞きます。

「経営層がまず体現する」「経営面に限らず、あらゆる場面でバリューを語る」「バリューに沿って行動する／従業員を評価する」といった具合です。大胆で派手な戦略と、泥臭い運用力／やり切り力の掛け算が今の同社のポジションを築いたといえるでしょう。彼らは単に事業戦略を捻り出すだけでなく、それをスムーズに実行し続けられるカルチャーも同時にデザインしたのです。

なぜ企業カルチャーにフォーカスが当たらないのか？

これまで企業カルチャーの重要性やデザイン方法がナレッジとして共有されることが少なかった理由は、「ヒト」という経営資源特有の曖昧さや属人性／匿名性にあると、序章で述べました。ここでは、さらに企業カルチャーが内包する「扱いづらさ」を明確にすることで、企業カルチャーの本質に迫ります。

エアビーアンドビーのCEOブライアン・チェスキーは、スタンフォード大学の学生に向けたカルチャーデザインの講義で、企業カルチャーにあまりフォーカスが当たらない理由を次のように語っています(※)。

1 語れることが少ない
2 定量的に測れない
3 短期的に成果が出ない（これが最も根深くて重要）

※出典「Lecture 10Culture（Brian Chesky, Alfred Lin）」https://youtu.be/RfWgVWGEuGE

特に、日本のスタートアップシーンにおいては、そもそも「企業カルチャーとは何か？」「なぜ大事なのか？」「どのように維持／浸透させていくべきか？」について語られることが少なく、体系的にまとめられた記述もほとんどありません。

それに対して、アメリカのスタートアップシーンにおいては、アマゾン、ネットフリックス、エアビーアンドビーなどが「企業カルチャーのお手本」として論じられ、前述のような学生向けの講義もあるくらいです。

序章でも触れましたが、今までのビジネス環境では「定量的に測れないもの」を許容できなかったし、する必要もありませんでした。そのうえ、短期間のうちに事業をグロースさせたり、バイアウトや上場というイグジットを迎えられればOKという、短期決戦思考に支配されていました。

しかし、世界的に不安定と不確実性がはびこる今という時代は、情報や技術の優位性によって他社との差別化を定量的に図ることが困難を極めるうえに、いつゲームそのもののルールがひっくり返るかわかりません。

また、人々の価値観も変わりました。これまでの大量消費の高速サイクルが良しとされた時代から、今や持続可能性（サステナビリティ）という長期志向への大転換の真っ只中ですし、ダイバーシティ（多様性）やインクルージョン（包括）などの価値観も重視されるようになりました。

その結果、すべての企業が、ビジネスを成功させるために、人間の持つ曖昧さを積極的に受け入れ、長期視点を持って企業カルチャーに投資すべき時代を迎えたのです。

企業カルチャーに内包される「サブカルチャー」という視点

ホモ・サピエンスの群れが一定規模を超えると、もともと群れが持っていたカルチャーとは価値観が異なる別のカルチャーが必ず発生し、もとのカルチャーと共存する状態になります。この新しく発生したカルチャーは「サブカルチャー」と呼ばれます。

同様に、企業という〝群れ〟においても、本流のカルチャーとサブカルチャーが共存することは一般的です。わかりやすい事例は、機能／職能別のサブカルチャーです。創業期は経営陣も含む少数のメンバーが複数の業務を当たり前のように兼任していたのが、組織が拡大することで分業化が進行します。

たとえば、経営と実行の分離、営業と開発の分離などです。そして、いくつもの部門に分かれることで、経営層のカルチャー、管理部門のカルチャー、開発部門のカルチャー、営業部門のカルチャーなど、企業全体を貫くカルチャーとは別のサブカルチャー（分派）がいくつも生まれます。

企業カルチャーをデザインする際には、メインカルチャーとサブカルチャーのバランスに苦慮することが少なくありません。この場合、「どちらが良い、悪い」という「OR思考」

ではなく「どちらも許容しつつ、どうバランスをとるか」の「AND思考」で考えるべきなのです。

組織という生命体は、常に「全体最適」と「個別最適」という2つの最適化圧力の間を揺れ動いています。どちらの最適化にも合理性があるので、それぞれの合理性を理解したうえでバランスをとり、仮に対立が発生したら、その都度「適切に着地させる」しか最適解はありません。つまり、ここでも必要なのはデザイン的な思考法となります。

このような企業カルチャーの特性や、ほかの重要変数との相互作用をご理解いただいたうえで、いよいよ次章より解像度を一気に上げていきます。

第2章のまとめ

□企業の競争優位としての短期的なポジショニングと中長期のオペレーションは、どちらも企業カルチャーの影響下にある。また、優れた企業カルチャーは優れた戦略となる。

□メルカリの成功要因の一つは企業カルチャーの浸透を徹底したこと。「経営層がまず体現する」「経営面に限らず、あらゆる場面でバリューを語る」「バリューに沿って行動する／従業員を評価する」を実践した。

□世界的に不安定と不確実性がはびこる今という時代は、情報や技術の優位性によって他社と定量的な差別化を図ることが困難を極めるうえに、いつゲームのルールがひっくり返るかわからない。企業がビジネスを成功させるためには、人間の持つ曖昧さを積極的に受け入れ、長期的な視点を持って企業カルチャーに投資する必要がある。

□企業が成長することで、企業のメインカルチャーからサブカルチャーが必ず発生する。「どちらが良い、悪い」という「ＯＲ思考」ではなく「どちらも許容しつつ、どうバランスをとるか」の「ＡＮＤ思考」で考えながらデザインをするべき。

第 3 章

宗教から学ぶ
カルチャーデザイン

宗教とは何か?――〝濃い信仰〟と〝薄い信仰〟

カルチャーや文化といった曖昧で空気のようなものは、企業だけでなく、日常生活のいたるところに存在します。

たとえば、国家や家族にもカルチャーがあります。要は、ヒトが集まったとたん、大なり小なり何かしらのカルチャーが生まれ、成員同士の間で育まれ、生活の中に空気のように存在しているのです。この章では、さまざまなカルチャーのうちで、最大規模を誇る宗教というカルチャーと企業カルチャーを対比／検討することで、企業カルチャーの本質に迫ってみたいと思います。

たとえ信じる神がいなくとも、特定の価値観に傾倒し、一般常識からかけ離れた極端に厳格なルールを順守したり、熱狂的な行動を起こしたりする集団は、しばしば「宗教」にたとえられます。

それは企業カルチャーにおいて同様です。

国内企業でいえば、GMOインターネットグループで行なわれる「スピリットベンチャー宣言」の唱和がその最たる例です。定められた〝教典〟や〝戒律〟を唱和するという〝儀式〟は、まさに「宗教」と言っても過言ではないでしょう。実際、創業者の熊谷正寿さんは、宗教的な要素を意識的に取り込んだことを明言しています(※)。

※東洋経済オンライン「強い組織創りのヒントは、「宗教」にあり」
https://toyokeizai.net/articles/-/29818?page=3

このように企業カルチャーと宗教には似通ったところがあります。
では、企業カルチャーと宗教の違いは何なのでしょうか？
そして、企業カルチャーが宗教から学ぶべきことはあるのでしょうか？
考察を進めてみます。

まず本書における「宗教」とは何かを定義しておきます。ただし、私自身は宗教学の専門家ではないので、あくまで、宗教の一般的な特徴を挙げることにとどめます。

各宗教には「ストーリー」があり、それを軸にした「信仰」が存在します。キリスト教であれば新約聖書やイエス・キリストの存在が軸となり、信者は祈りや礼拝を通じて神の正義を追求します。ただし、信仰のレベルは人によって異なります。魂の救済を切実に求める〝濃い信仰〟もあれば、生活習慣レベルの〝薄い信仰〟もあります。

ですから、ここでは次のような大まかな定義にとどめたいと思います。

〈宗教とは〉
ある特定のストーリーに対する信仰に基づき、日々の行動や習慣、儀式を通じてより良い個人の生き方や集団の幸福などを追い求める心身の営み。

これは、私が企業カルチャーとして第1章で定義した次のこととおおむね同じです。

〈企業カルチャーとは〉
その企業が信じるもの、そして
それに基づき判断／行動することのすべて。

われわれ人類が一定規模を超える集団を中長期にわたって存続させるためには、宗教やカルチャーのような「虚構」の力が必要です。実際には存在しない虚構を「ある」と信じて、そこに自分の肉体や精神のエネルギーを注ぐ、つまり「信仰」するからこそ、人間社会という集団が存続できたのです。

企業カルチャーと宗教の違い

宗教とは何かを大まかに確認したところで、次に企業カルチャーとの違いを見ていきましょう。マクロ的な視点から見ると同じような定義になる企業カルチャーと宗教は、実際何が異なるのでしょうか？　両者の違いから企業カルチャーの輪郭を鮮明にしていきます。

1　神の存在

まず宗教には信仰の対象である「神」の存在が必要不可欠です。一神教であっても、多神教であっても神という「信仰の対象物」が存在しており、彼らのストーリーや語る言葉が信者にリアリティや没入感を与えます。

一方、企業カルチャーには神は存在しません。「数字は神より正しい」などという価値観を掲げる企業もありますが、それはもののたとえであって、まったく宗教的な意味合いはありません。

また、宗教では、神や宗教に関係する世界を「聖」、それ以外の日常の世界を「俗」と二分して捉えますが、企業カルチャーにはそのような視点はありません。

2 宿る箱と規模

企業カルチャーは「企業」という箱に宿ります。企業は、ビジョン／ミッションに基づいた事業を行なうことで利益をあげ、ステークホルダー（関係者）に報いつつ、同時にライバル企業と競争しながら、なるべく長期にわたって社会に利益をもたらすことが使命です。もし、どこかで運転資金がショートしたり、業績不振に陥って企業が解散してしまえば、そのカルチャーも消滅してしまうでしょう（厳密には、元経営者／従業員が別の企業で同じようなカルチャーを作り上げる可能性はありますが）。

一方、宗教にも宗教法人や教会／寺院のような箱はありますが、キリスト教、イスラム教、仏教のような伝統的かつ世界的な宗教には、すべての信者を1カ所にまとめて収容できるような巨大な箱はありません。世界中に信者が存在し、その人数が膨大なうえ、長い時間の中でさまざまな分派が誕生したためです。

宗教は、その教え（ストーリー）を信仰する人々が絶えない限りは存在し続けますし、教え以外の制約はないので、国境を越えたスケーラビリティがあります。

たとえば、現在キリスト教徒は約20億人、イスラム教徒は約16億人といわれています。世界最大規模の企業ウォルマートの従業員数約230万人と比べると、いかに巨大な存在かがわかります。

3 時間軸

キリスト教の誕生は紀元1世紀、仏教の誕生は紀元前5世紀です。長い年月を経て、それぞれマイナーチェンジやのれん分けを繰り返してはいるものの、今も膨大な数の信者を抱えています。

一方、企業の場合、世界最古の企業「金剛組」のように1400年以上続いているケースもありますが、やはり宗教の歴史と比べると霞んでしまいます。この歴史だけを考えても、宗教という「虚構」が、われわれ人類に強烈な中毒性と依存性をもたらすものであることがわかります。

企業カルチャーが宗教の構成要素から学ぶべきもの

これほど強力に人間を惹きつける宗教から企業カルチャーが学ぶべきものは何なのでしょうか？　まずは宗教の構成要素を見てみましょう。

戒律

戒律（かいりつ）とは、神仏と交流するにあたって守るべきルールです。

たとえば、イスラム教であれば「酒を飲まない」「豚肉を口にしない」など、宗教ごとにさまざまな戒律があります。自らに戒めを課すことによって、神仏との交流や信仰を深めたり、宗教的な境地に近づくことができるのです。

私は、**企業カルチャーにおける戒律は「コアバリュー」だと考えます。** つまり、コアバリューは、企業がビジョン（＝宗教における神仏の境地）を実現するために守るべき戒律ということです。

そもそも、人間は易きに流れがちな生き物です。放っておくと、自然と楽なほうに向かってしまいます。しかし、大きな事業を成し遂げようとするならば、自分たちを厳しく律して、思考と行動のレベルを上げなければなりません。このときに必要になるのが、まさにコアバリュー（戒律）や行動規範なのです。

儀式

「毎日5回祈りを捧げる」「日曜日は教会へ行く」「祈りの際は定型文を必ず唱える」など、宗教には儀式という型がつきものです。儀式という身体活動を通じて、形を持たない信仰にリアリティが与えられます。また、「祭り」の存在も重要です。神に捧げる祭りとそのあとに繰り広げられる宴は、信者のボルテージを最大限に高めます。

企業カルチャーにも形はありません。集団がそれを日々意識し続け、それに基づいて行動し続けるのは容易ではありません。だからこそ、多くの企業で毎日、毎週、毎月、毎年など定期的に企業カルチャーの存在を全員で確認し、それを身体で感じるための何らかの儀式が必要になります。

これについては、日本企業はこれまでも意識的に取り組んでいました。

たとえば、毎日／毎週の「朝礼」という儀式。これが単なる情報共有以上の意味を持つことは、感覚的にご理解いただけるのではないでしょうか。また、定期的に開催される社員総会で業績優秀者を表彰したり、そのあとの宴席で絆を深め合ったりするのは、まさに祭りそのものと言えるでしょう。

こういった儀式や祭りを通じて、言葉で伝えるだけでなく、身体活動やメンバー同士の交流を通じて企業カルチャーを組織に染み込ませていくことは、一見地味ですが、決して侮ることはできないカルチャーデザインの要諦です。

教典

信者が信じるべき教祖の言葉やストーリーが記されているのが「教典」です。もともと教祖が口頭で語っていた教えを聞いた信者がほかの人に伝え、それを文字で書き残すことで後世に伝えるという大きな役割を担っています。口伝えだけでは、人々の間に伝わる過程において、正確さが失われ、教祖の真意が曲解されてしまうおそれがあります。それを防ぐために文字に書き残す必要があるのです。

企業カルチャーも同様です。基本テンプレートであるミッション／ビジョン／バリューや、それに基づく行動指針などを社内外の人々に伝えるには明文化は必須です。先ほど紹介したＧＭＯインターネットグループの「スピリットベンチャー宣言」は、戒律も含めた教典のサマリ的な文章です。これを朝礼で唱和するという儀式を通じて、企業カルチャー（教義）を〝血肉化〟するのです。

宗教から学ぶべき、永続性の本質

ここまで解説したことは、宗教や企業カルチャーにとっての表面的な部分です。身体を外側からサポートする筋肉のようなものといえるでしょう。これは見た目にはわかりやすく、真似しやすいものです。

しかし、私は宗教や企業カルチャーの本質はインナーマッスルにあると考えています。では、インナーマッスルはいったい何なのでしょうか？　もう1歩踏み込んでみます。

まず宗教について、もう少し考えてみましょう。

伝統的な宗教が多くの人々を惹きつけ、長年にわたり信仰され続けていることの本質はどこにあるのでしょうか？　先ほど述べた戒律や儀式は、あくまで信者が神と交流するための手段であり、永続性を説明する本質ではないと考えます。

私は本質に近づくヒントとして「回心[※]」があるのではないかと思っています。そもそも回心とは何なのでしょうか？

※悟りや神の啓示などの強烈な宗教体験をすることで、心を入れ替えたり、信仰を深めること。

この章の冒頭で、信仰には〝濃い信仰〟と〝薄い信仰〟の2つがあると述べました。そのうちの〝濃い信仰〟に至るには、前提条件があります。それは、その人の人生が逆転不可能に思われるほどのマイナスの局面に置かれているときであることです。その局面を打開するために何かを強く信じることが必要になるのです。

それが「希望」です。「明日は良くなる」「きっと解決策が見つかる」「今の苦しみは乗り越えられる」――そんな根拠のない希望を強く信じることで、アクションを起こし、前進し、現実を変えていくのです。この希望という形で宗教が関与したらどうでしょうか？

宗教という希望を固く信じた結果、マイナスの局面を脱するときに、その人の中に回心が起こり、〝濃い信仰〟が生まれ、〝濃い信者〟になるのではないでしょうか。

これはビジネスにおいても同様です。私は、企業という存在は〝希望の塊〟だと思っています。「実現したい世界がある」「手に入れたい果実がある」「救いたい人がいる」など、成し遂げたいことは企業によってさまざまですが、要は「今この世にないもの」を集団的努力によって実現させようとする希望が企業の出発点となります。

創業期のスマートニュースで何度も体感した「回心」

ここで私の経験をお話しします。

私がかつて在籍したスマートニュースは、２０１２年６月15日に誕生し、２０２２年６月には無事10周年を迎えました。

私が入社する直前の２０１３年12月10日、スマートニュースは（再び）大炎上しました。そのときの様子は、今も残るこちらの記事で確認できます（※）。そのとき私はハワイに新婚旅行中でした。当時の代表・浜本階生さんから、炎上を謝罪するご連絡をいただいたのが、昨日のことのように思い出されます。

※ストイカ「無縫地帯〝あれから一年が経ち、スマートニュースはどれだけ適法となったか〟」
https://stoica.jp/yamamoto_blogs/239

このときの炎上に限らず、当時のスマートニュースの競争環境は極めて厳しく、多くの競合がひしめくレッドオーシャンを突き進んでいました。多くのプレイヤーがニュースアプリ界の頂点に立とうと、テレビＣＭをはじめする空中戦を展開したり、場外では、泥沼の様相を呈する白兵戦が繰り広げられていました。オンライン／オフライン問わず、あらゆる場所での認知の獲得合戦が行なわれていたのです。

ただし、皮肉なことに、そんな熾烈な競争環境に置かれたおかげで、スマートニュースの企業カルチャーは磨き込まれるとともに、当時のメンバーは難局に陥り、それを打開するたびに、企業カルチャーへの回心を経験したのでした。

たとえば、ある競合他社は、スマートニュースのアプリがアップデートされるたびに、組織的に「悪レビュー」を大量に投稿してきました。一方、その競合のアプリがアップデートされるたびに、悪レビューを投稿したのと同じレビュワーたちが今度は「好レビュー」を投稿するというありさま。

当時のアプリストアは、アップデートの際の最新レビューが目立つ仕様になっていました。つまり、ユーザーがアプリストアからダウンロードする際の重要指標がレビューだったのです。

今となっては、悪レビュー／好レビューが組織的な投稿だったのかを確かめるすべはありませんが、このときにスマートニュース社内では、次のようなコンセンサスが生まれました。

どんなことがあろうと、私たちは競争相手の足を引っ張るようなことはしない。

これは、ニュースアプリ競争における社内向けの〝スポーツマンシップ宣誓〟でした。そもそもスマートニュースはサービスリリース時に〝コンテンツ泥棒〟騒動を起こしていたので、それを棚に上げて〝正義のヒーロー〟ぶるつもりは毛頭ありませんでした。しかし、厳しい競争環境の中で会社やサービスがいつまで存続できるかわからない危機感を常に抱いていたがゆえに、むしろユーザーやコンテンツホルダーに対する「誠実さ」を守らなければいけないと考えたのでした。

結果的に、この〝宣誓〟が精神面における防波堤となり、そのあとも延々と続いた荒波を乗り越えていくための原動力となったのです。

どんな企業においても、苦境の中の希望は必ず存在するはずです。その希望は自社だけが持つ唯一無二のものです。これを信じて苦境を脱することで、メンバーは回心し、企業カルチャーの〝濃い信者〟になるのです。
　もちろん、すべてのメンバーが〝濃い信者〟に生まれ変わるわけではありません。回心する人もいれば、しない人もいます。もし、可能であれば、企業という船に乗せるプロセスの中で、回心してもらえるのがベストでしょうが、なかなかそううまくはいかないでしょう。

　本章をまとめるとすると、企業カルチャーが宗教から学ぶべき本質は次のようなものです。
　もし、**あなたが経営者、マネージャーであって、企業カルチャーを強化したいのであれば、メンバーの中から〝濃い信者〟を探し出すか育てる、もしくは、自らが〝濃い信者〟になり、布教活動に努めましょう。**まず、信仰という内面を強化したうえで、外側を固めるための教典、儀式、戒律を作り、企業カルチャーに形を与えましょう。まずは内側、そのあとで外側です。この順番を間違えてはいけません。

〈参考文献〉『教養としての宗教入門――基礎から学べる信仰と文化』（中村圭志、中公新書、２０１４年）

第3章のまとめ

□企業カルチャーにおける戒律は「コアバリュー」である。つまり、コアバリューは、企業がビジョン（＝宗教における神仏の境地）を実現するために守るべき戒律。大きな事業を成し遂げようとするならば、自分たちを厳しく律して、思考と行動のレベルを上げなければならない。このときに必要になるのがコアバリュー（戒律）や行動規範。

□企業カルチャーを日々意識し続け、それに基づいて行動し続けるためには、定期的に企業カルチャーの存在を全員で確認し、それを身体で感じるための何らかの儀式（集会など）が必要。言葉で伝えるだけでなく、身体活動やメンバー同士の交流を通じて企業カルチャーを組織に染み込ませる。

□企業カルチャーの基本テンプレートであるミッション／ビジョン／バリューや、それに基づく行動指針などを社内外の人々に伝えるためには明文化（教典）が必須。

□ 企業が苦境に陥ったとき、希望を持ち続け、乗り切ることで、社内に企業カルチャーに対する〝濃い信仰〟が生まれる。

第４章

実例から学ぶ カルチャーデザイン

エアビーアンドビーから学ぶカルチャーデザイン

前章では、宗教と企業カルチャーの違いと共通点を挙げながら、企業カルチャーの本質に迫りました。この章では、成功を収めている企業やプロスポーツチームから、カルチャーデザインのやり方を学びます。

まずは序章でも紹介したエアビーアンドビーの企業カルチャーを深掘りします。

スタンフォード大学で行なわれた「CULTURE」の講義で講師を務めた創業者ブライアン・チェスキーの言葉を引用しながら、同社および彼の企業カルチャーに対する考えを見ていきます(※)。

※出典「Lecture 10-Culture（Brian Chesky, Alfred Lin）」https://www.youtube.com/watch?v=RfWgVWGEuGE

まず、彼が言うように、製品の成長戦略や資金調達の話題に比べると、企業カルチャーの話が表に出て来ることは極端に少ないのです。

カルチャーにフォーカスを当てることの難しさは、そもそも語られることが少ないし、定量的に効果を測れないからだ。ただ、最も問題なのは、良いカルチャーを作ることに力を注いでも、短期的に効果が現れないことだ。

彼は、プロダクトがマーケットにフィット（PMF）したら、次はいかに会社を継続させるかに視点を切り替えることが重要だと言います。ブライアンら創業者たちは、創業初期からアップルやナイキなど、長期的に成功している企業を徹底的に調べました。その結果、判明したのは、成功企業の共通点はクリアなミッションとコアバリューを確立しているということでした。

成功する会社から学んだことは「カルチャーはデザインされるべき」ということ。ザッポスのCEOトニーに話を聞きに行ったとき、驚くべきは数百名を超える社員全員が10個のコアバリューすべてを書き出すことができた。

また、組織やカルチャーを1つの方向に団結させるコアバリューと、一見対峙するかのようなダイバーシティ（多様性）という視点の2つが重要です。彼によると、両者の関係は次のようになります。

組織作りにおいてダイバーシティは大事、それはバックグラウンドや年齢に関して。
ただし、コアバリューに関してダイバーシティは必要ない。

つまり、「コアバリューは簡単に変えてはいけない最も重要なもの。その一方で成功する組織においてはダイバーシティも大変重要。ただし、コアバリューとダイバーシティを混同してはならない」ということです。

また、エアビーアンドビーのミッションは、シェアリングエコノミーという文脈で語られるような部屋や空きスペースのマッチングではありません。ブライアンは自社のミッションを次のように語ります。

ミッションにおいて大切なのは「Ｗｈａｔ」はなく「Ｗｈｙ」。われわれのミッションは部屋のブッキングや旅をサポートすることではない。われわれのミッションは「*help creating a world where you can belong anywhere*（人々がどこでも居場所がある世界を作ること）」

そんなミッションに沿うことが企業カルチャー／ブランドの基礎となるのです。
そのうえでブライアンは、ＣＥＯの仕事を次の３つだと定義します。

1 ミッションを明確にすること
2 戦略を描くこと
3 優秀な人を採用すること

そして、これさえやれば、あとは勝手に会社が作られていくと言います。

採用で大事なのは「ワールドクラスの優れた人材」の採用。そして「バリューに沿ったカルチャーフィット」。そのために、採用においてはこんな自問を必ずする。「もし世界中の人を誰でも採用できるとして、それでもこの人を採用したいか？」と。バリューのチェックはそれだけをチェックする面接官を用意してカルチャーフィットだけを見る。エンジニアにエンジニアは当てない。徹底的にバイアスを取り除く。

カルチャーとブランドはコインの表裏です。しかし、シリコンバレーでさえ、カルチャーやブランドの話はグロースやファンディングの話に比べたら、圧倒的に少ないのです。ブライアンは、エアビーアンドビーのカルチャーとブランドをどのように築いてきたのでしょうか？

カルチャーは、その会社の人々が何を信じているか。つまり、クリアなミッションを持つこと。ブランドは、会社が発信する外の世界に対する約束だ。その約束を発信するのは、カルチャーを信じて熱狂している従業員にほかならない。その熱狂がユーザーに伝わり、強いブランドが作られる。

では、エアビーアンドビーは、何を信じて、何を発信し続けているのでしょうか？

かつてはコモディティのように「*Airbnb is a cheap, affordable alternative to hotel*（エアビーアンドビーは安くて手軽なホテルの代わり）」というキャッチコピーだったが、次のように変えた。
「*Travel like a human*（人としての旅を）」

ネットフリックスの人事戦略を安易に真似るな

次に人事／組織領域においても話題に挙がることが多いネットフリックスを取り上げます。カルチャーデザインという観点で彼らを一躍有名な存在にしたのが、同社の「カルチャーデック」（企業カルチャーをまとめたガイドライン）でした。

ネットフリックスの設立は１９９７年なので、もはや創業から25年以上も経っています。その歴史において、２回の不況を経験し、２回のピボット（事業転換）をしました。最初は、郵便ポストを利用したビデオレンタルサービスの会社でしたが、今や世界ナンバーワンクラスの動画コンテンツメーカー兼プラットフォーマーとなりました。

成功の裏には、各ターニングポイントにおける戦略やブレークスルー、あるいは外部要因などがあるでしょう。しかし、大局的に見るならば、「優れた企業カルチャー」が同社を成功に導いたと言えます。創業以来、同社は企業カルチャーを注意深くデザインし続け

4-1 ネットフリックスの「カルチャーデック」

Netflix Culture:
Freedom & Responsibility
NETFLIX

てきました。その集大成が「カルチャーデック」なのです。

彼らの企業カルチャーをまとめたスライドは、メタ（旧フェイスブック）の元COOシェリル・サンドバーグが「シリコンバレーから生まれた最高の文書」と讃え、これまでに2000万回近く閲覧されました（現在はコーポレートページへ移行）。そして、このスライドは、世界中の経営者に企業カルチャーと改めて向き合うきっかけを与えました。

実は、このスライドは10年以上も前から、従業員を巻き込んでアップデートされ続けてきたのです。同社の成功の背景には、力強い「企業カルチャー」のあと押しがあったのです。

もちろん、彼らの企業カルチャーをなぞれば、どの会社でも「優れた企業カルチャー」を作れるというわけではありません。そもそも企業カルチャーは、他社が簡単には真似できない独自の信念や、メンバー全員の長年にわたる判断／行動の集積です。また、置かれた環境や時代背景によっても〝必要とされる〟企業カルチャーは異なります。

たとえば、彼らの人事制度は、たびたび人事／組織に携わる人々の間で話題にのぼります。

- **定期的な人事評価制度の廃止**
- **給与額はその人の市場価値で決め、最高額を払う**
- **休暇規定の撤廃、何日でも休める**
- **経費／旅費の承認プロセスを撤廃する**
- **承認フローの完全撤廃、上司に許可を取る必要はない**

出典：『ネットフリックスのカルチャーデック』
(https://www.slideshare.net/reed2001/culture-1798664)。最新版(https://jobs.netflix.com/culture)。

このように、ネットフリックスの人事戦略／施策は、従来の常識や直感に反するものが多いので、読んでいてワクワクします。

一方で、それらを実施するためには入念な組織／文化作りのステップが必要となるでしょう。創業者リード・ヘイスティングスによると、まず大前提として「高い能力密度」が保たれた組織だからこそ、こうした人事戦略／施策がワークするそうです。

ネットフリックスの人事戦略には次の前提があるのです。

1 とびきり優秀な人しか採用しない
2 その人の能力に少しでも疑問符がつきはじめればすぐに辞めてもらう
3 そうやって組織の「能力密度」を最大限に高め、維持し続ける
4 これがすべての人事施策の土台で「最高の同僚」だけが集まっている状態にする

出典：『NETFLIXの最強人事戦略　自由と責任の文化を築く』（パティ・マッコード、光文社、２０１８年）

たとえば、「経費・旅費の承認プロセスを撤廃する」を真の意味でワークさせるには、組織として次のようなステップを経た状態であるべきだと、ヘイスティングス自らが解説しています。

1　まず全社員がとびきり優秀で「能力密度」が高い状態であること
2　彼らが「率直なフィードバック」を与え合う関係で支えられていること
3　休暇の規定など、従来のルールを徐々に撤廃し、「自由と責任」のある文化を醸成すること
4　コントロールではなくコンテキストのリーダーシップを実践すること

出典：『NETFLIXの最強人事戦略　自由と責任の文化を築く』（パティ・マッコード、光文社、２０１８年）

彼らの組織作りにおいて徹底しているのは「社員を大人（Adults）として扱う」ということです。ここでいう「大人」とは、「物事の良し悪しを常に自分で判断でき、結果に責任が持てる」という意味です。また、「能力密度が高い」というのも、単に「仕事がとびきりできる」というだけの意味ではありません。「自立した社会人としてとびきり優秀である」という人たちだけを徹底して集めることによって、「能力密度が高い」状態を実現するわけです。

その土台を大前提にしたうえで、常に率直なフィードバック（意見や忠告）が３６０度言い合える環境／文化を作ることを第２の土台にし、それぞれの行動をより正しい方向に自動修正し合う「自律ベクトル」が働くようにしています。つまり、とびきり優秀な社員たちが、「チームメイトが会社の利益に沿う行動をしているか」をお互いに注意し合うというスタビライザー（安定化装置）が働く状態です。

これにより、自由と責任のバランスが取れた組織カルチャーを作ることができ、コントロール（管理）ではなくコンテキスト（文脈）でチームを率いることが組織全体で実現できています。ここまでできて、初めて「経費／旅費の承認プロセスを撤廃する」などの施策を導入できるわけです（次ページ図４－２）。

仮に、このネットフリックスの人事戦略を順番通りに実施するのであれば、彼らが大前提とする「高い能力密度」を保つための次の４つを徹底させなければなりません。

1 とびきり優秀な人しか採用しない

2 その人の能力に少しでも疑問がつきはじめればすぐに辞めてもらう

4－2　ネットフリックスの人事戦略

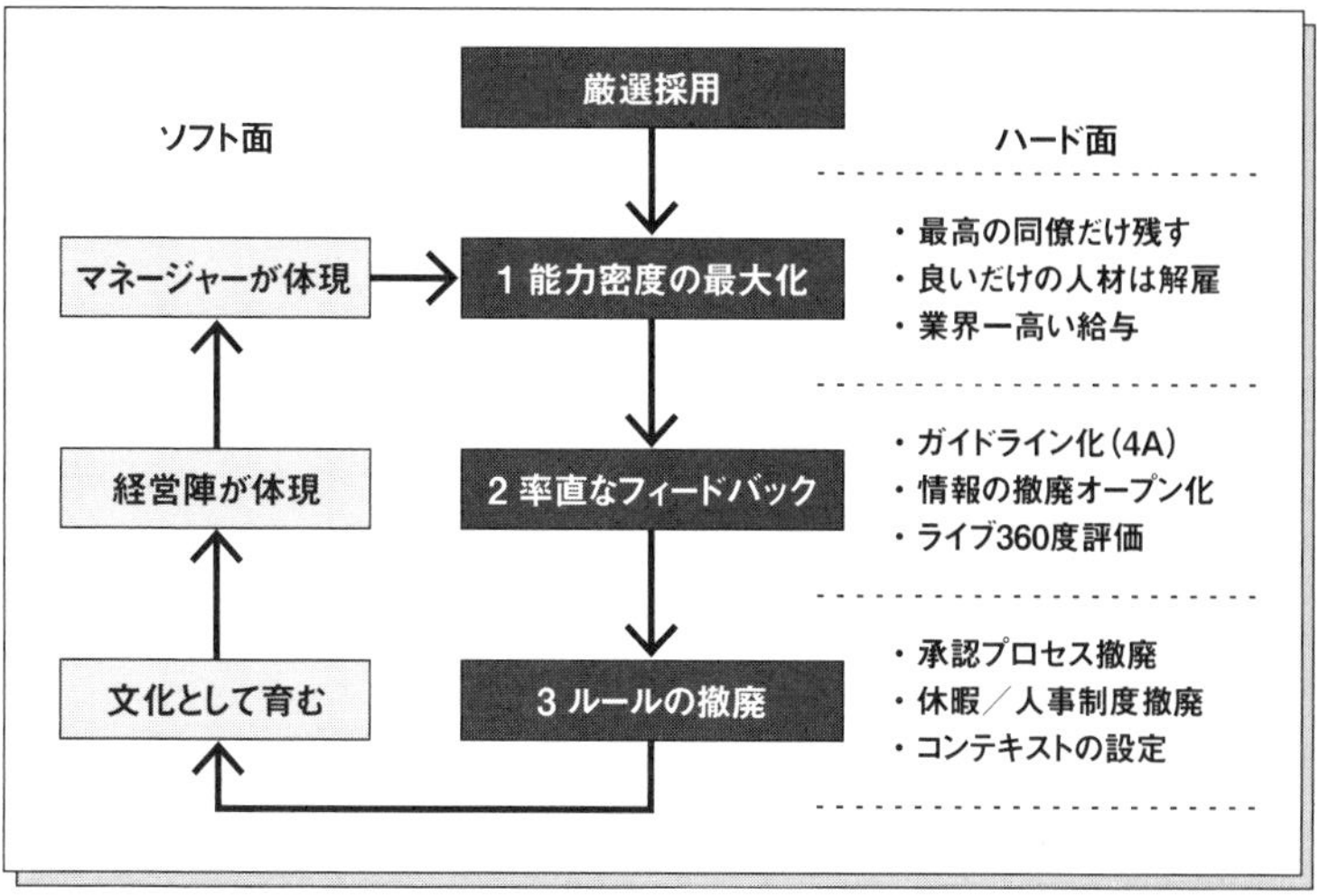
厳選採用
ソフト面
ハード面
マネージャーが体現
1 能力密度の最大化
・最高の同僚だけ残す
・良いだけの人材は解雇
・業界一高い給与
経営陣が体現
2 率直なフィードバック
・ガイドライン化（4A）
・情報の撤廃オープン化
・ライブ360度評価
文化として育む
3 ルールの撤廃
・承認プロセス撤廃
・休暇／人事制度撤廃
・コンテキストの設定

3 そうやって組織の「能力密度」を最大限に高め、維持し続ける

4 これがすべての人事施策の土台で「最高の同僚」だけが集まっている状態にする

かなり難易度が高いことがおわかりいただけるでしょう。

そのうえで、第2の土台「率直なフィードバック（＝本人に面と向かって言えることしか言わない）」を徹底して実践するのは、「空気を読む」ことを重視する日本企業では至難の業ではないかと思います。

ただし、だからと言って単純に「ネットフリックスの人事戦略を真似るな」というわけでもありません。確かに、上記の前提を実現するのはかなり難易度が高く時間もかかるでしょう。しかし私は、真の意味で彼らの施策を真似るのであれば、もう1つ重要な前提があると思っています。

それは、「リーダー陣が中心となった運用レベルでの泥臭い徹底とPDCA」です。

これについて詳しくご説明する前に、皆さんに知っておいていただきたいのが競争戦略論における「戦略的ポジショニング：SP（Strategic Positioning）」と「組織的ケイパビリティ：OC（Organizational Capability）」という考え方です。

SP（Strategic Positioning）とOC（Organizational Capability）

戦略的ポジショニング：SP（Strategic Positioning）

コンビニエンスストア業界を例にとれば、ローソンが「自然志向の人」に向けた「ナチュラルローソン」を出店することは、わかりやすい戦略的ポジショニング（SP）です。SPの特徴は「ポジショニングを変える／工夫する」というわかりやすいものなので、簡単に模倣できます。

組織的ケイパビリティ：OC（Organizational Capability）

一方、売上という定量的な指標で頭一つ飛び抜けているのはセブンイレブンです。比較しやすい指標として一店当たりの日次での売上（日販）を見ると、２０２１年のコンビニ大手3社の実績は次の通りです。

セブンイレブン　64・7万円
ローソン　49・7万円
ファミリーマート　50・9万円

出典：ＤＣＳオンライン「コンビニチェーン売上高ランキング２０２１&上位チェーン最新動向」
https://diamond-rm.net/management/125418/

セブンイレブンが突出していますね。もちろん、これにはさまざまな要因があるのですが、メディアでよく紹介されるのは「現場のＰＤＣＡ」能力です。セブンイレブンの創業者・鈴木敏文さんは科学者みたいな人で、現場レベルの仮説検証の繰り返しにより組織全体を大きく成長させました。各店舗の地域やその日の天候など、さまざまな変数を考慮したうえで発注管理することで、「欲しいときにある」と「売れない在庫を減らす」を実現しています。これこそ組織的ケイパビリティ（ＯＣ）です。

このような現場での運用力（OC力）は、外部からは見えづらく、真似しづらいものです。ネットフリックスの場合も、大胆なSP的な人事施策が目立っていますが、それを支えるのは、「高い能力密度」を保つための努力や「率直なフィードバック」を言い合える環境、すなわちOC力です。ですから、これを考慮せずに、**ネットフリックスの施策を安易に真似るべきではありません。まずは、経営層やリーダー層が言葉だけでなく、行動で示すことを徹底し、それを組織全体に浸透させなければなりません。**

ネットフリックスとセールスフォースの対比から学ぶカルチャーデザイン

ネットフリックスと同時期に創業し、同規模の成功を収めているが、正反対の企業カルチャーを持つ企業があります。それがセールスフォースです。ここでは両社の企業カルチャーの対比からカルチャーデザインにおける重要なエッセンスを抽出します。

4-3 ネットフリックスとセールスフォースの事業規模比較

	ネットフリックス	セールスフォース
創業	1997年	1999年
従業員数	8700人	50000人
時価総額	約23兆円	約23兆円
売上（直近四半期）	6600億円	5300億

まず最初に、2社の事業規模などを見てみましょう（図4－3）。

どちらも創業から20年以上が経ち、直近のコロナショックを乗り切り、成長を続けています。否むしろ、「巣ごもり消費」「DX」の波に乗ってさらに成長を加速させています。いずれも創業社長が直近まで経営を続けており、ネットフリックスはこれまでに2回、事業をピボットしていますし、セールスフォースもCRM（Customer Relationship Management：顧客関係管理）という軸は維持しつつも、時代に合わせてさまざまな事業を展開しています。

この2社にはさらに共通点があります。それは創業者が中心となり、企業カルチャーを成長のコアとしている点です。ネットフリックスのカルチャーデザインは先ほど触れましたが、セールスフォースも、それに勝るとも劣らない熱意で企業カルチャーを経営／戦略／事業の中心に据えてきました。同社を率いるマーク・ベニオフの言葉をいくつか引用しましょう。

1999年春にセールスフォースを創業したとき、私たちは最初のバリューを書き出した。（略）単に優秀な人材を雇用し、実用的な製品を出荷するだけでは足りない。私たちの成功は、バリューをしっかり守る企業文化を築けるかどうかにかかっているのだと。

2004年に上場したときに10億ドルだったセールスフォースの時価総額が1200億ドルを超えるまでに成長した主な理由（略）成功の最も強力なエンジンは、当社のソフトウェアでも、従業員でも、ビジネスモデルでもないことを理解している。最大の要因は「バリューに基づいた企業文化にする」という1999年の意思決定にある。

出典：『トレイルブレイザー：企業が本気で社会を変える10の思考』（マーク・ベニオフほか、東洋経済新報社、2020年）

これらの言葉を「成功者の美談」として割り引いて捉えたとしても、自ら語る「企業カ

4-4 ネットフリックスとセールスフォースの企業カルチャー比較

	ネットフリックス	セールスフォース
チーム作りの土台	会社は家族ではなくプロスポーツチームである	最高のチームは家族のように働く
強い組織の作り方	社員の能力密度を常に高い状態に保つ	家族のような信頼とウェルビーイングを育む
チームワーク	率直なフィードバックが常に行なわれる仕組み	信頼をベースとした心理的安全性の確保
マネジメントスタイル	自由と責任に基づく圧倒的な自立型	信頼と平等に根ざしたコラボレーション型

ルチャーこそ競争の源泉」は現在の同社の状態を見る限り、成長／成功要因の大部分を「企業カルチャーを核とした経営」に負っていることに疑いの余地はなさそうです。

さて、ネットフリックスもセールスフォースも、企業カルチャーを非常に重視していることはおわかりいただけたと思います。ただし、両社の企業カルチャーの性質は対極的です。

ネットフリックス：ハードコアなエリートアスリート集団

セールスフォース：ハートフルなビジネス・社会貢献集団

これを対比してみます（図4－4）。

ちなみに、マーク・ベニオフはネットフリックスの企業カルチャーについて次のようにコメントしています。

一部のCEOは、従業員を家族のように扱う考え方は、成功には逆効果になると見なしている。たとえば、ネットフリックスのCEOであるリード・ヘイスティングスは、自社の企業文化や経営哲学を「家族ではなく、チーム」と表現することで有名だ（略）スタープレーヤーがあらゆるポジションでハイレベルなパフォーマンスをすることを期待して、優勝というチームのミッションに貢献していない人はトレードもしくは退職させるというのは、理屈としてはわかる。けれども、私のアプローチは違う。

出典：『トレイルブレイザー：企業が本気で社会を変える10の思考』（マーク・ベニオフ、東洋経済新報社、２０２０年）

2社とも、現時点では大成功を収めています。ただし、考えようによっては、創業から「まだ20年」しか経っていないともいえます。そう捉えると、両社はいまだ登山の途中とも言えそうです。今後、両社がどのような試練に出合い、それを乗り越え、最終目的の頂に到達するのかは、誰にもわかりません。現時点で唯一明らかなのは、彼らが違う山を、異なるやり方で登っているという事実だけです。

ただし、登り方は違っても、企業カルチャーを経営の中心に据えていることは同じです。また、このことが両社の最大の成功要因であるのは疑い得ない事実です。

さて、こうした成功事例を見ると、つい人事施策などを真似たくなってしまうかもしれません。しかし、表面的な部分を真似しても、うまく機能することはないでしょう。重要なのは、企業カルチャーの根っこの部分「自分たちはどうありたいのか？」を明確にすることです。それには内省を突き詰めるしかありません。

繰り返しますが、企業カルチャーは重要ですが、絶対的な正解はありません。また、成功した他社のカルチャーを安易に真似るべきでもありません。とはいえ私自身は、事業ドメインごとに、「成功しやすいカルチャーの傾向」はあると思っています。それが第2章の「事業戦略にフィットしたカルチャー」（55ページ）で触れたカルチャーデザインの要件の話です。

ネットフリックス、セールスフォースのそれぞれの事業ドメインに企業カルチャーの特徴を当てはめると、次のようになります。それぞれの企業カルチャーが競争戦略上、極めて合理的で、かつ優位に働くことがわかります。

〈ネットフリックス〉
一般消費者向けのエンターテインメント事業であり、どの企業よりも優れた人材を集め、どの企業よりも優れたコンテンツ・プラットフォームであり続けることが競争優位となる。

〈セールスフォース〉
法人顧客向けのエンタープライズ事業であり、優れたソフトウェアはもちろんだが、導入先企業や企業内エヴァンジェリストを家族のように大切にし一緒に成長することで事業も成長することが競争優位となる。

もちろん、両社の成功には、企業カルチャーだけでなく、さまざまな要因があるため、企業カルチャーだけを成功要因とすることはできないでしょう。ただし、正解がないとされる企業カルチャーをどのように作ればよいのかを見つけるにあたって、両社の事業ドメインと企業カルチャーの整合性は羅針盤の役割を果たしてくれるでしょう。

サイバーエージェントから学ぶカルチャーデザイン

次に、ご紹介したいのが国内メガベンチャー、サイバーエージェントのカルチャーデザインです。序章でも述べましたが、私は、USENに新卒入社し、その後のビジネスキャリアの3年目から8年目までは、VOYAGE GROUP（現CARTA HOLDINGS、当時はサイバーエージェントの子会社、のちにMBOで単独上場を果たす）に在籍しており、サイバーエージェント流の組織作り／企業カルチャー作りにどっぷりつかっていました。

サイバーエージェントの創業者・藤田晋さんは、起業前にインテリジェンス（現パーソルキャリア）に新卒で入社し、ビジネスや組織作りのイロハを学んでいます。また、インテリジェンスを創業したのはUSEN（現USEN-NEXT HOLDINGS）の宇野康秀さんです。宇野さんは、起業前にリクルートに入社し、その組織／企業カルチャー作りを学んでいます。つまり、サイバーエージェントの組織／企業カルチャーの起源はリクルートにあるのです。ですから、私はファーストキャリアから10年間、リクルート式カルチャーを叩き込まれたことになります。

そこで学んだ企業カルチャーの本質は、「すべては人で始まり、人によって成長し、人で終わる」という徹底した「ピープルファースト」の経営姿勢でした。リクルート式の組織／企業カルチャーデザインの真髄は、経営／幹部メンバーの徹底した組織／チーム作りとカルチャー醸成へのコミットメントにあります。

そのキーワードは「言行一致」です。日々の言動から、採用活動や飲み会まで含めた社内コミュニケーションの圧倒的な量と質、さらには各種社内イベントと、すべてに経営／幹部メンバーが積極的にかかわっていました。

こうしたことが当たり前でないスタートアップ企業の経営では、そもそも「経営陣のチームビルディング」が、その会社が抱える多くの課題の根源となっていることが少なくありません。たとえば、経営陣の〝言行不一致〟が最も悪い影響を与えるのは組織／カルチャーデザインの領域です。特に、「C×O」を外部人材の登用に頼らざるを得ないスタートアップ企業の構造が問題を引き起こしやすくしています。

一方、サイバーエージェントは、経営陣や幹部のほとんどが生え抜きの人材で構成されています。同社は、これを創業当初から意図的にデザインしています。そうすることで、組織ピラミッドの上位にいる人たちのカルチャーフィットが極めて高くなり、経営における言行一致を実現しやすいのです。

これは創業数年のスタートアップ／ベンチャー企業には簡単に真似できないでしょう。しかし、社内人材の〝ポテンシャル抜擢〟には、もっと多くの企業が目を向けてもいいのではないかと思います。プロパー（生え抜き）の育成と抜擢、日々の言語＆非言語コミュニケーションの圧倒的な量と質を通じて、組織／カルチャーのデザインに組織ぐるみで取り組んでいるのがサイバーエージェントであり、これこそリクルート式組織／企業カルチャーデザインの真髄といえるでしょう。

サイバーエージェントは、明確に人事戦略を会社経営のコアに据えています。ABEMAをはじめとする〝派手な〟経営上の意思決定も、この人事戦略の徹底に比べれば、「かすんでしまう」と言っても過言ではありません。この組織／企業カルチャーの土台があるから、同社は成長し続けられるのです。

私個人の経験では、憧れる上司たちの背中を見ながら、抜擢されて子会社の経営をまかされ、さらには社員総会のプロデューサー拝命などを通じて、「人やチームに対するスタンス」を徹底的に叩き込まれました。結果、日々の行動や意思決定において、それが「働くうえでの当たり前」になりました。このことは、経営層によって意図的にデザインされていたのでした。

また、サイバーエージェントの子会社を退職し、スタートアップ企業の経営に携わったとき、こうした同社の組織／企業カルチャーデザインは当たり前のものではないことを初めて知りました。

サイバーエージェントの組織／企業カルチャーは、リクルート、インテリジェンスから続く「脱もの作り」カルチャーの〝のれん分け〟ともいえるでしょう。その本質は、人的資本への圧倒的な投資です。単に優秀な人材を採用して終わりにするのではなく、彼らのハイパーモチベーションを育成／維持する組織を作り上げる巧妙な仕組みを作り上げています（次ページ図4－5）。

生え抜きの人材の抜擢による「スケーラブルな属人化」を実現しているサイバーエージェントの組織作りでは、「可視化によるカルチャーの浸透」だけに頼らず、次の3つの定番

4 - 5 サイバーエージェントの人事戦略

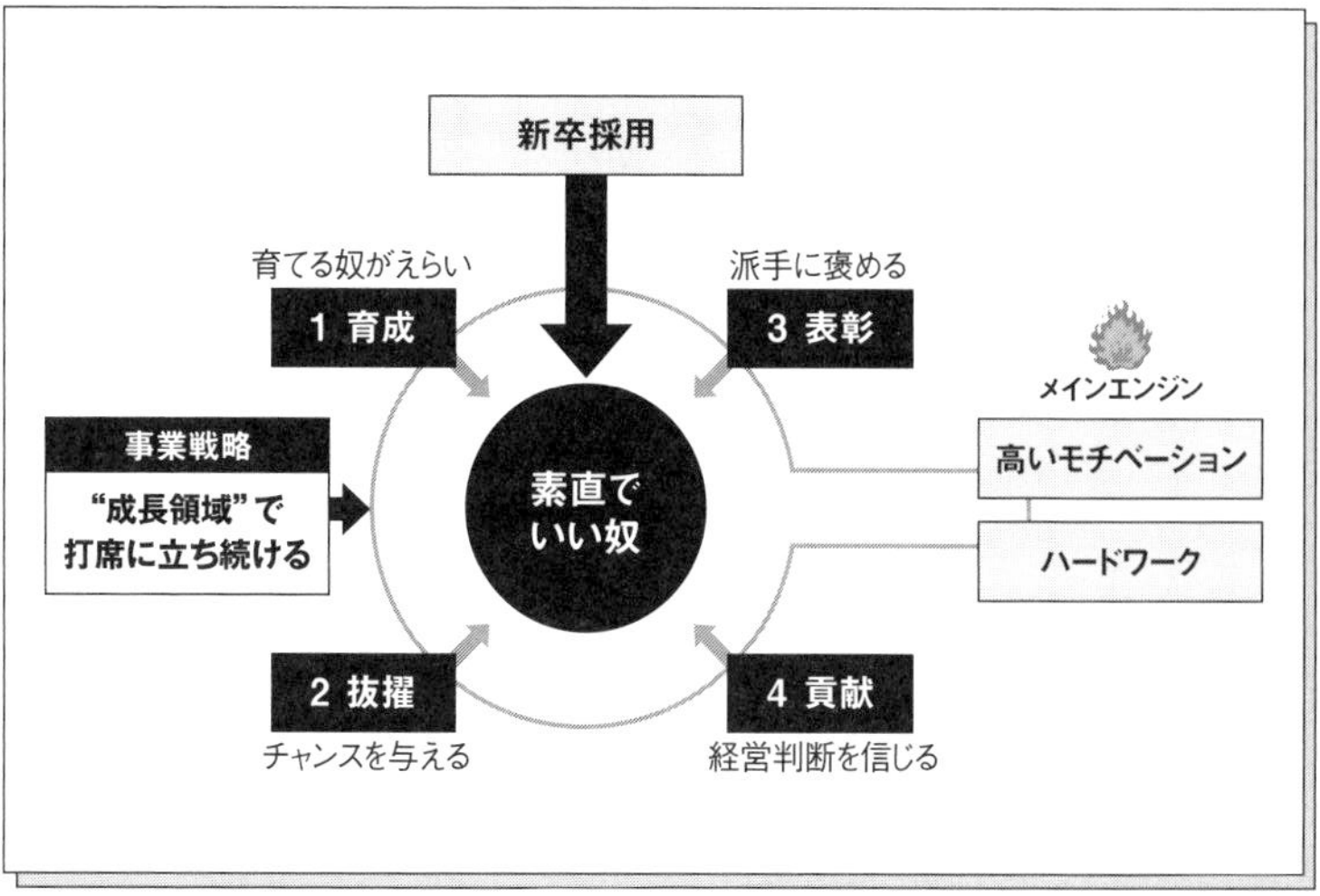
新卒採用
育てる奴がえらい
1 育成
派手に褒める
3 表彰
メインエンジン
高いモチベーション
ハードワーク
事業戦略
“成長領域”で
打席に立ち続ける
素直で
いい奴
2 抜擢
チャンスを与える
4 貢献
経営判断を信じる

トピックを多大な労力とコミュニケーションコストをかけて実施しています。

- **いかにして採用のカルチャーフィットを向上させるか**
- **いかにして日々、企業理念を意識しながら働くか**
- **いかにして理念やカルチャーを明確にして、それに沿った採用を徹底するか**

そのためのとてつもなく泥臭いプロセスが、「キャリブレーション（Calibration：調整）」です。互いにバイネーム（名指し）で議論し、カルチャーをすり合わせることで、カルチャーに対する理解を深めていくという、極めて属人的かつ定性的なものです。しかし、〝感情の動物〟

である人間の本質に寄り添えば寄り添うほど、こうしたプロセスからは逃れることができないのです。つまり、サイバーエージェントにとってコミュニケーションは「コスト」ではなく「投資」なのです。

〝背中〟で民を統べる。

これが私から見たサイバーエージェントの企業カルチャーであり、スタイルであり、骨格です。スタンスとして明確にされているわけではありませんが、見えざる背骨として組織内に存在しているのです。これに加えて、上位の人間から下に向けて言葉を尽くして「流儀」の浸透圧を高め続ける――これが彼らの成長ドライバーなのです。

新卒採用というカルチャーの純血

サイバーエージェントの企業カルチャーの骨格／構造を理解するうえで必要な前提は、意図的にプロパー（新卒）や第二新卒という「若手」を中心とした組織作りを行ない、プロパーが企業カルチャー作りの土台を担っているということです。

「〇〇年エントリー」という大量の母集団を形成し、採用の軸を持ちながらも、柔軟に大量の面談、グループディスカッション、インターン採用、合宿など、さまざまなプロセスを通じて、採用すべき人材を精緻に見極めています。この膨大な手間がかかる採用プロセスに駆り出されるのが優秀な若手社員、すなわち将来の幹部候補生なのです。

実際に活躍している彼らが採用の現場に立ち会うこと自体が、優秀な学生を惹きつける力になっているのは揺るぎのない事実です。しかし、それ以上に重要なのが、採用プロセスを通じて、「どんな人物がサイバーエージェント的で、どんな人物がそうでないのか」という、エントリー人材をサンプルにした企業カルチャーのすり合わせが行なわれているという事実です。

つまり、同社の企業カルチャーの浸透プロセスは、可視化されたカルチャーだけに頼らない、人間同士のコミュニケーションによる「キャリブレーション」によって行なわれるのです。まさに「採用キャリブレーション」と言ってもいいでしょう。

彼らが採用の軸としている「素直でいい奴」とは、最低限のカルチャーフィット要件です。それを前提に、あらゆる採用活動に参加することを通じて「サイバーエージェント的に良い／悪い」という価値観を叩き込まれるわけです（実際には「勝手に身につく」と言うほうが正確かもしれません）。そんな同社の「組織戦略」は、２０２１年にインフォグラフィックとして公開されています(※)。

※「3分でわかるサイバーエージェント ~組織戦略編~」https://www.cyberagent.co.jp/career/data/id=26150

私もVOYAGE GROUP時代に、この「採用キャリブレーション」をイヤと言うほど経験しました。通常の採用面接やグループディスカッションのほかに、当時はインターン生と社員がともに参加する「新規事業立案型」の短期インターンシップがありました。

この短期インターンシップは学生の間で「圧倒的に成長できる」と評判が高かったため、意識の高い学生が多数応募してきました。その選考過程からそのあとのグループ編成、さらには新規事業立案プロセスまでの全期間を通じて、担当社員が学生に張りつきで対応します。担当する社員たちは、もちろん通常業務を抱えていますが、それをしっかりこなしつつも、常に学生たちを気にかけ、チームビルディングや新規事業立案をサポートします。これにより、担当社員自身のキャパシティが広がっていくのです。

プレゼンテーションの前日には、学生と一緒に会社に泊まり込み、自分を必死に追い込んでいくことになります。「自分の担当業務以外であっても、常に全社貢献に身を捧げる」「チームを作り、人を育てられる奴がカッコいい」「常に新しい機会を探し、自らその機会をつかみに行く」――そういったカルチャーが自然と身体に染み込んでいきます。つまり、人を評価する過程で、自らの背筋も伸び、自らの価値観が会社のカルチャーとシンクロするのです。

こうした「カルチャーのキャリブレーション」は、社内の至る所で日常的に行なわれていました。私は一時期、半期に一度開催される社員総会の総合プロデューサーを務めていました。社員総会では半期の実績を振り返るとともに、実績に貢献した人やチームを表彰し、その過程で多くの人が喜び、涙を流します。次いで、歌やダンスや映像コンテンツ、そして楽しい食事とお酒をともにすることで、組織としての一体感を築くのです。

このイベントの骨子となる「会社からのメッセージ」や「カルチャーを体現するコンテンツ作り」を経営層とディスカッションし、煮詰めていくプロセスはまさに「カルチャーのキャリブレーション」そのものでした。ときに意見の相違が発生したり、叱咤されたり、怒号が飛ぶこともありました。それはお互いが「本気」だったからです。「会社をより良くしたい」「社員総会をより良くしたい」――そんな本気の思いの奔流に揉まれながら、企業カルチャーは磨き込まれていくのです。そうやって、幹部候補生が会社全体のコンテキストを理解したうえで、今の社内に必要なメッセージやコンテンツを投下していくのです。

当時は社員総会以外にも、社内運動会など大小さまざまな取り組みが行なわれていました。今振り返ると、社員総会や表彰、運動会といったイベントの内容は何でもよかったのかもしれないと思います。要は、組織に所属する人と人をつなぐさまざまなイベントを通じて、絶え間なく「カルチャーのキャリブレーション」を行なうことが大事なのです。そして、そこには本気の思いが必要です。**本気の思いを激しくぶつけ合い、摩擦を繰り返すことで、磨かれるものこそが本物の企業カルチャーなのだと思います。**

プロサッカークラブから学ぶカルチャーデザイン

ここで、いったん企業から離れ、短期的に勝敗や優劣が明確になるプロスポーツの世界におけるカルチャーデザインを見てみましょう。ビジネスの世界にも応用できる、普遍的な学びを得ることができます。

今回はプロスポーツの中で最もファンの数が多いといわれる（推定35億人）サッカーの有名クラブチーム「レアル・マドリード」と「FCバルセロナ」のカルチャーデザインをご紹介します。どちらもクラブ運営のコアにカルチャーを据えています。

レアル・マドリードのカルチャーデザイン

スペイン屈指のフットボールクラブチーム「レアル・マドリード（Real Madrid）」の名を聞いたことがない人はいないでしょう。その名声は次の圧倒的な実績に裏づけられたものです。

- **チャンピオンズリーグ優勝回数：11回（1位）**
- **スポーツチーム収益ランキング（2014年）：751億円（1位）**
- **ユニフォーム売上ランキング（2013〜2014年）：158万枚（1位）**
- **ソーシャルメディア人気度ランキング（2015年）：総フォロワー数約1億人（1位）**

彼らは、「銀河系軍団」という愛称の通り、常に莫大な移籍金を払って名だたるスター選手を獲得してきました。ところで、彼らが勝ち続けている理由、世界ナンバーワンのスポーツチームであり続けている理由は、こうしたスター選手のおかげなのでしょうか？ そんな素朴な疑問に対する答えとして、チームに長期密着取材をして彼らの強さとブランドの源泉を解き明かした書籍『THE REAL MADRID WAY レアル・マドリードの流儀』（スティーヴン・G・マンディス、東邦出版、2018年）の一部を引用します。

> 資金力はもちろん重要だ、才能あふれるスター選手たちも然り。
> しかしそれらはすべて「脇役」にすぎない。マドリードの首脳陣はピッチ内外で最高のパフォーマンスに寄与するのは「チームのカルチャー」だと信じている。

彼らにとってカルチャーとは、共通の使命のもと、全員が無私無欲の姿勢でチームに尽くし、同じ目標を見据えて邁進することを意味します。スター選手の獲得、チームビルディング、若手の育成、ブランド構築、ファンマーケティング――スポーツチームの彼らも、一般企業と同じ課題を抱えています。そして、こうした課題に向き合う際に、カルチャーという強力な接着剤を武器にすることで、結果を出し続けているのです。

卓越した企業と同様に、レアル・マドリードも自らが果たすべきミッションと、それを実現するうえでの価値観を明確にしています。チーム繁栄の立役者、フロレンティーノ会長はもともとACSという大企業の経営者で、サッカー経験はありませんでした。しかし、彼は、チームで〝暗黙の了解〟とされていたミッション&バリューを可視化し、すべてをそれに基づいて推進しました。これが彼の最大の功績です。

〈ミッション〉
オープンで多文化的なクラブを目指し、競技における成功とクラブの価値観によって、世界に認められ、評価を得られるよう、ピッチ内外で卓越性を追求し、ソシオとサポーターの期待に沿うべく貢献を続ける。

〈バリュー〉
・スポーツマンシップ
・卓越性と資質

・チーム哲学
・育成
・社会責任
・経済責任

そしてクラブのリーダーたちはこう断言します。

カルチャーこそが複雑な組織を結束させる接着剤であり、コミュニティの価値観の上に成り立つカルチャーが、強靭な絆とインスピレーション、パワー、パッション、アイデンティティの源泉だと信じている。

さらに、ミッション&バリューは、彼らにとって「組織のプレーブック」だとも表現しています。「ただ勝てば良い」わけではないのです。カルチャーに沿った山の登り方を選ぶのです。たとえ、目指す頂上は勝利という1つのものであっても、自分たちの価値観にそぐわないルートは決して選ばない。つまり、レアル・マドリードは勝ち方を選ぶのです。「ただ勝てば良い」とは、クラブはもちろん、ファンだって思っていないのです。

彼らが大切にするのは攻撃的でエレガントなサッカーであり、それを体現したうえで勝つ。対戦相手には最大限のリスペクトを持って接する。クラブが何より重要視するのはコミュニティメンバーに対する奉仕であり、彼らが求める価値観の体現です。理想を体現し、追求し続けるからこそ、世界中にファンやコミュニティが広がっていくと信じています。

レアル・マドリードの経営陣は、コミュニティメンバーとファンの価値観と期待を戦略の中心に据えています。こうしたカルチャーに対する一貫性は、そう簡単に真似できるものではありませんが、彼らの実績がその有効性を証明しているといえるでしょう。

「どんなスター選手であっても、カルチャーフィットしなければ採用しない」――「銀河系軍団」という愛称にもかかわらず、彼らはこんなポリシーを持っています。つまり、高いポテンシャルと実力を持っていることは大前提で、そのうえでクラブのカルチャーにフィットするかどうかが重要ということです。

監督とテクニカルスタッフは各選手の人格と価値観を精査し、レアル・マドリードにふさわしい人材かどうかを判断します。その選手の過去の華やかな実績にとらわれてしまうと、価値観の不適合があってもそれを正当化し、獲得に踏み切ってしまうおそれがあります。そのため、豊富な人事経験が求められます。また、加入後にどれほど高いパフォーマンスを発揮しても、クラブのカルチャーにそぐわなければ放出の対象となります。

ピッチ内外にかかわらず、選手の行動がチームの価値観から逸脱していると判断された場合、高い確率で「交代」の処置がとられます。特に、好ましくないのは、労働倫理の欠如、クラブの顔としての自覚の不足、ドレッシングルームでのいさかいなど、クラブにとって脅威となる行動や要求です。

もちろん、それでも「スター選手獲得」の方針は変わりません。優秀なスター選手ほど、重圧のかかる大一番で活躍できるからです。サッカーにおける得点の希少性を考えれば、莫大な移籍金であっても妥当な投資であると判断しているのです。

つまり、優秀なだけでは採用しないが、そもそも高いパフォーマンスを期待できる選手でないと、世界一のクラブでは重要な役割を担うことはできない。パフォーマンスとカルチャーの双方に妥協しないのが世界一の強さの源泉といえるでしょう。

カルチャーの伝承者は移籍するスター選手ではなく、生え抜きのヒーロー

多くの企業が新卒採用を通じてカルチャーを伝承したり強化するように、レアル・マドリードも〝生え抜き〟選手の育成を徹底することでカルチャーの浸透をはかっています。レアル・マドリードには「カンテラ」と呼ばれる育成機関が存在します。10代前半で入団し、そこで育った生え抜き選手がチームメイト全員に規範を示すのです。

２０１４年のチャンピオンズリーグ決勝に挑んだ25名のうち７名はカンテラ出身者です。彼らはクラブが新しく迎えたメンバーたちと、レアル・マドリードの精神を共有し、クラブの歴史と真髄をピッチの上で体現します。

クラブが目指すのは、カンテラ出身者と新参選手との融合です。両者の「共演」というコンセプトがぶれることはありません。カンテラ出身者という「カルチャーのベテラン」が強い組織を作るうえで、いかに重要かを熟知しているからです。さらに、生え抜き選手の活躍にはおまけもあります。彼ら地元出身者の活躍は、ファンやコミュニティの情熱に火を点けるのです。

「タレント過剰性」と向き合う

プロスポーツのチームパフォーマンスについては興味深い研究データがあります。コロンビア大学の研究によると、NBA（ナショナル・バスケットボール・アソシエーション）における2002年から2012年までの統計分析やチームの協調性の観点などにおける定量分析の結果「スター選手投入によるチームパフォーマンスの上昇には限界があり、その限界を超えるとチームの協調性が乱れて障害を起こす」ということです。このような状態は「タレント過剰性」といわれます。

組織内に確固たるカルチャーと価値観が共有されていれば、タレント過剰性を最小限に抑えたり、解消することができます。カルチャーは、ステータスを巡る争いから当事者の注意をそらし、組織全体の目標に集中させる役割を果たします。つまり、スター選手にありがちな自己顕示欲やマウンティングが減り、協調性が生まれるということです。コロンビア大学の研究では、特に次の3つがタレント過剰性の抑制につながるとされています。

1　監督の資質を見極める（ディレクターのカルチャーフィット）

2　スター軍団を牽引するリーダーを育てる

3　会長は一貫して価値観を忠実に守る（トップマネジメントのカルチャーフィット）

カルチャーがタレント過剰性の抑止力になるということは、常に優秀な人材獲得を推進する企業にとっても、重要な示唆となるのではないでしょうか。

ＦＣバルセロナのカルチャーデザイン

レアル・マドリードと同じくチームカルチャーを最重要事項として運営されるクラブチーム「ＦＣバルセロナ」。彼らも明示的にカルチャーをデザインし、それを組織作りの中核に据えてきました。その取り組みにおいて最もユニークなのが「Cultual Architect（文化の設計者）」という概念です。

21世紀生まれの初のサッカーA代表選出選手として話題になり、２０２２年W杯に日本代表として出場した久保建英選手は、バルセロナの育成機関「ラ・マシア」の出身です。

育成機関の目的は、単に将来有望な選手を育てるだけではなく、企業が新卒採用者をカルチャーフィットさせるために純粋培養するのと同じように、クラブが大切にしている歴史や文化を徹底的に叩き込むのです。そのうえで、カルチャーに馴染みがない移籍組、つまり中途入社のスター社員と、生え抜きメンバーをコラボレーションさせることにより、カルチャーの維持と強化を図っているのです。

ＦＣバルセロナの取り組みはほかのクラブと比べて際立っています。

レアル・マドリードが移籍組のスタープレーヤーとカンテラ出身メンバーの比率が平均して7：3であるの対して、ＦＣバルセロナはときに9割を超えるメンバーがラ・マシア出身者であったりするほど、生え抜き率が高いのです。そのうえでスター軍団に打ち勝ち続けているのです。サッカーに詳しくない方でもメッシや、Ｊリーグに移籍したイニエスタの名前は聞いたことがあると思いますが、彼らもラ・マシア出身です。

ＦＣバルセロナはメッシやイニエスタのようなラ・マシア出身のスタープレーヤーに限らず、「Cultual Architect（文化の設計者）」としてピッチの内外で文化のグレーゾーンを埋める人材を重用しています。ピッチ上で献身的にプレーする選手はもちろん、控えのベ

4－6 レアル・マドリード、FCバルセロナの組織戦略

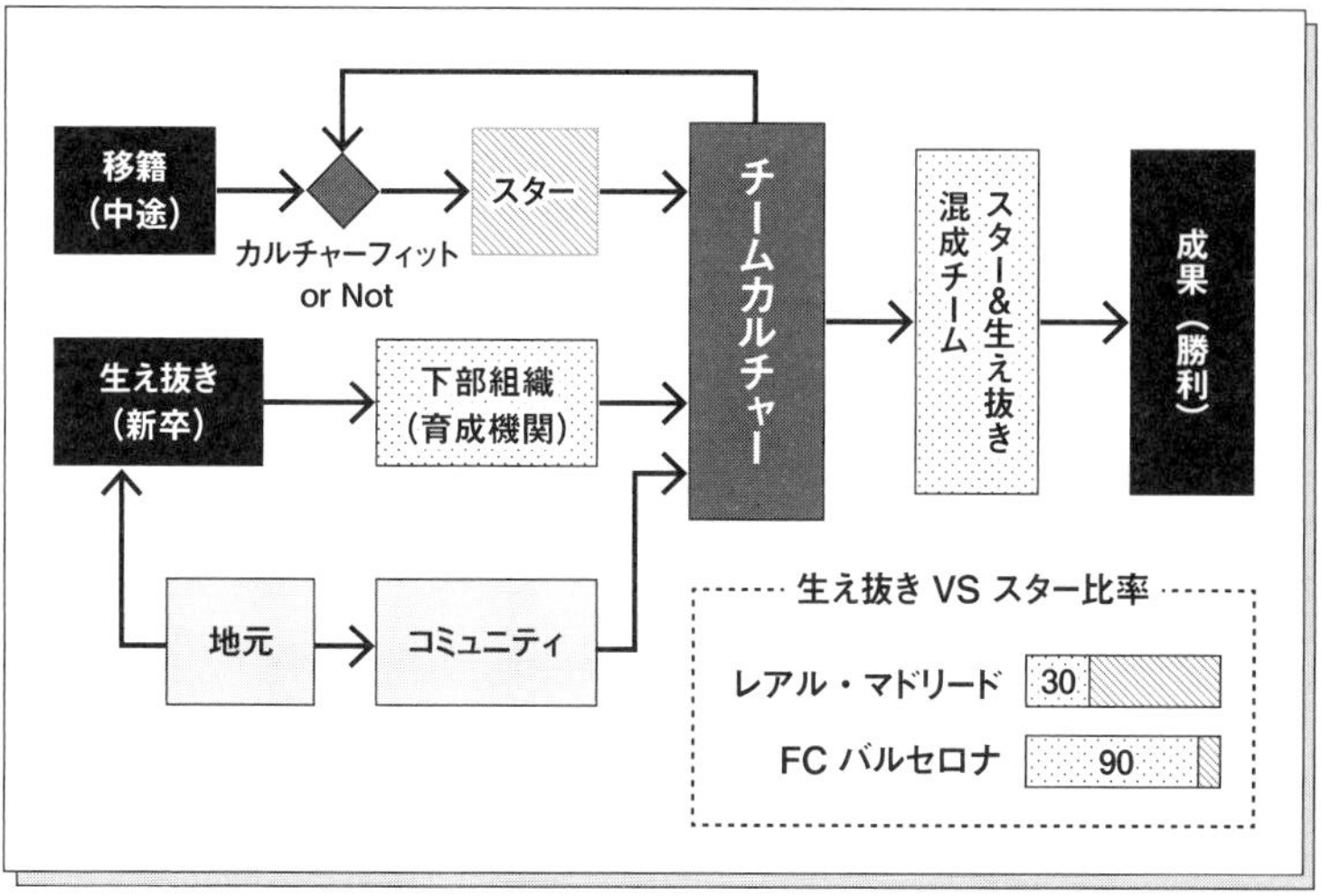

移籍（中途）
カルチャーフィット or Not
スター
生え抜き（新卒）
下部組織（育成機関）
地元
コミュニティ
チームカルチャー
スター&生え抜き混成チーム
成果（勝利）
生え抜き VS スター比率
レアル・マドリード
30
FC バルセロナ
90

ンチやロッカールームでの振る舞いも、最終的な成果につながる重要なカルチャーのワンピースだと信じ、各所にCultual Architectを戦略的に配備しています。そうやって「文化の暗殺者」の台頭を水際で防いでいるのです。

このように、常に勝敗が明確となり、勝ち続けることが求められるプロスポーツの分野においても、勝ち続けるチームはカルチャーデザインに積極的に取り組んでいるのです。それはチームのアイデンティティを守るためであり、常にチームに一定数流入して来る新メンバーに対するマージ（融合）戦略であり、さらにチームのモチベーションの維持と向上、そして勝利への近道でもあるのです（図4－6）。

第4章のまとめ

□エアビーアンドビーの創業者たちが、創業初期からアップルやナイキなど、長期的に成功している企業を徹底的に調べた結果、その共通点は「クリアなミッションとコアバリューを確立している」ことであることが判明した。

□ネットフリックスやセールスフォースなど成功した企業のカルチャーをそのままなぞっても「優れた企業カルチャー」を作れるとは限らない。なぜなら、企業カルチャーは、他社が簡単には真似できない独自の信念や、メンバー全員の長年にわたる判断／行動の集積だから。また、その企業が置かれた環境や時代背景によっても〝必要とされる〟企業カルチャーは異なる。

□サイバーエージェントは、経営陣や幹部のほとんどが生え抜きの人材で構成される。同社は、これを創業当初から意図的にデザインしている。それにより、組織ピラミッドの上位にいる人たちのカルチャーフィットが極めて高くなり、経営における言行一致が実現する。

第 5 章

カルチャーのデザイン要件

企業カルチャーとはデザインされるべき人工物

前章までは、企業の競争戦略上、カルチャーを中心に据えることの重要性や、いくつかの成功事例からカルチャーデザインの本質に迫りました。この章からは、いよいよ実際に自らの手で企業カルチャーをデザインしていくためのプロセスに踏み込んでいきます。

初めは創業者の信念や価値観だったものが、組織の成長／成功、そして集団的学習を通じて深層心理に刻み込まれます。ゆえに、拡大する組織においてカルチャーが正しく機能するためには、個々のメンバーの判断／行動レベルにまで反映されるよう、注意深くデザインされなければなりません。

私はよく成長する組織を生物や人体にたとえます。組織も生物と同様に、成長するにつれて細胞が増殖し、それらが集まって組織や器官となり、細胞同士、組織／器官同士が互いに影響を及ぼし合い、その結果コントローラブル／アンコントローラブルなさまざまなイベントが発生します。

たとえばコアバリューは、企業のＤＮＡや血液のようなものです。生物と同様に企業にも、他社とは異なる独自のＤＮＡ配列や血液型があります。企業カルチャーを維持するためには、成長し続ける身体の隅々にまで血管を張り巡らせ、常に血圧を適正に保ち、循環を維持しなければなりません。**創業者や経営者の重要な役目は、組織という生命体の強力な「心臓」として、熱い血液を全身に送り出し、活力を維持することです。**

優れた企業カルチャーとは何か？

企業カルチャーのデザインを考えるにあたり、そもそも「優れた企業カルチャーとは何なのか？」を理解しなければなりません。優れた企業カルチャーの事例は第４章で触れました。

たとえば、ネットフリックスは明文化された「カルチャーデック」と、それを中心に据えた日々のコミュニケーション、意思決定、その他無数の行動により企業カルチャーを注意深くデザインしました。一方、セールスフォースはネットフリックスとはまったく異なる価値観に基づく企業カルチャーを持っていました。

彼らはともに企業カルチャーを経営の中心に据えながらも、違う山を違うやり方で登っていました。それと同時に、両社ともにそれぞれの分野で勝利を収めています。

成功した企業の優れたカルチャーは、その企業にとって有効であることは事実ですが、ほかの企業がそれをなぞったからといって、同じように「優れた企業カルチャー」を持つことも、成功することもできないでしょう。そもそも企業カルチャーの本質は、簡単には真似できない独自の信念、集団的判断／行動の蓄積であると同時に、置かれた環境／時代背景によって、必要となる企業カルチャーも異なります。「自分たちはどこに向かっているのか、どのように生きたいのか」という内省をすることでしか、その企業にとって本当に必要なカルチャーは見えてこないのです。

また、第2章でも解説した通り、「勝ち続ける」という観点から企業カルチャーを見たとき、事業戦略との整合性が重要になります。ですから、「優れた企業カルチャー」の絶対的な正解はないのです。

さらに重要なことは、企業カルチャーは作るものではなく、基本的には「すでにあるもの」だということです。

企業カルチャーは、企業が生まれた瞬間から、創業者によって信念が埋め込まれ、価値観が刻み込まれます。そして、組織が成功と失敗を繰り返す過程で集団的学習を通じて深められ、その企業の行く先を決める羅針盤となります。

企業カルチャーに対する経営戦略上のアプローチは、「すでにあるもの」を可視化し、深く理解し、より広め、自社の置かれている外部環境や事業戦略に合わせて調整したり、バランスをとったり、場合によっては外科手術を施したりする――つまり「デザイン」なのです。

優れた企業カルチャーで有名なザッポスの元COOアルフレッド・リン（現セコイア・キャピタル パートナー）は、優れた企業カルチャーがもたらす恩恵を次に挙げる6つに集約しています。

1 First Principles：組織の第一原理となり
2 Alignment：皆の足並みを揃え
3 Stability：安定性を生み出し
4 Trust：信頼を育み
5 Exclusion：必要としない人を排除し
6 Retention：必要な人をとどめる

ちなみに最初の「第一原理」とは、ほかのものからは導き出せない命題（基本的前提）です。つまり、絶対に確実だとわかっている（もしくは、考えている）ことです。

優れた企業カルチャーは、組織においては、意思決定や行動の〝絶対的な〟基本原理になるということです。残念ながら、「どの企業も絶対に導入するべき」という「企業カルチャー」の基準はありません。各企業が「自問自答の旅」を続けながら、デザインするしかありません。とはいえ、より良い企業カルチャーをデザインするための「要件」は定義することができます。前章までの学びと、私自身の経験から導き出した「優れた企業カルチャーのデザイン要件」を説明していきます。

カルチャーがデザインされる構造を理解する

企業カルチャーをデザインするためには、「組織デザインの構造」を理解する必要があります。第1章で紹介した企業カルチャーの逆三角形を改めて見てみましょう（次ページ図5－1）。

第1章でも述べましたが、企業カルチャーの原点、つまり集団的に何かを信じ、手を取り合って共通の目的を実現することの根本にあるのは、人類だけが持つ「虚構を信じる能力」でした。虚構は言葉やコミュニケーションを通じてメンバーたちに伝えられます。つまり、カルチャーデザインの真髄は、組織全員を巻き込んだコミュニケーションのデザインなのです。

一見優れた企業カルチャーの青写真があったとしても、成長する組織の身体に合わせて、生きたカルチャーを末端まで浸透させる仕組みと力学を理解してデザインしなければ、"絵に描いた餅"で終わってしまうのです。

5-1 「企業カルチャー」を可視化した逆三角形

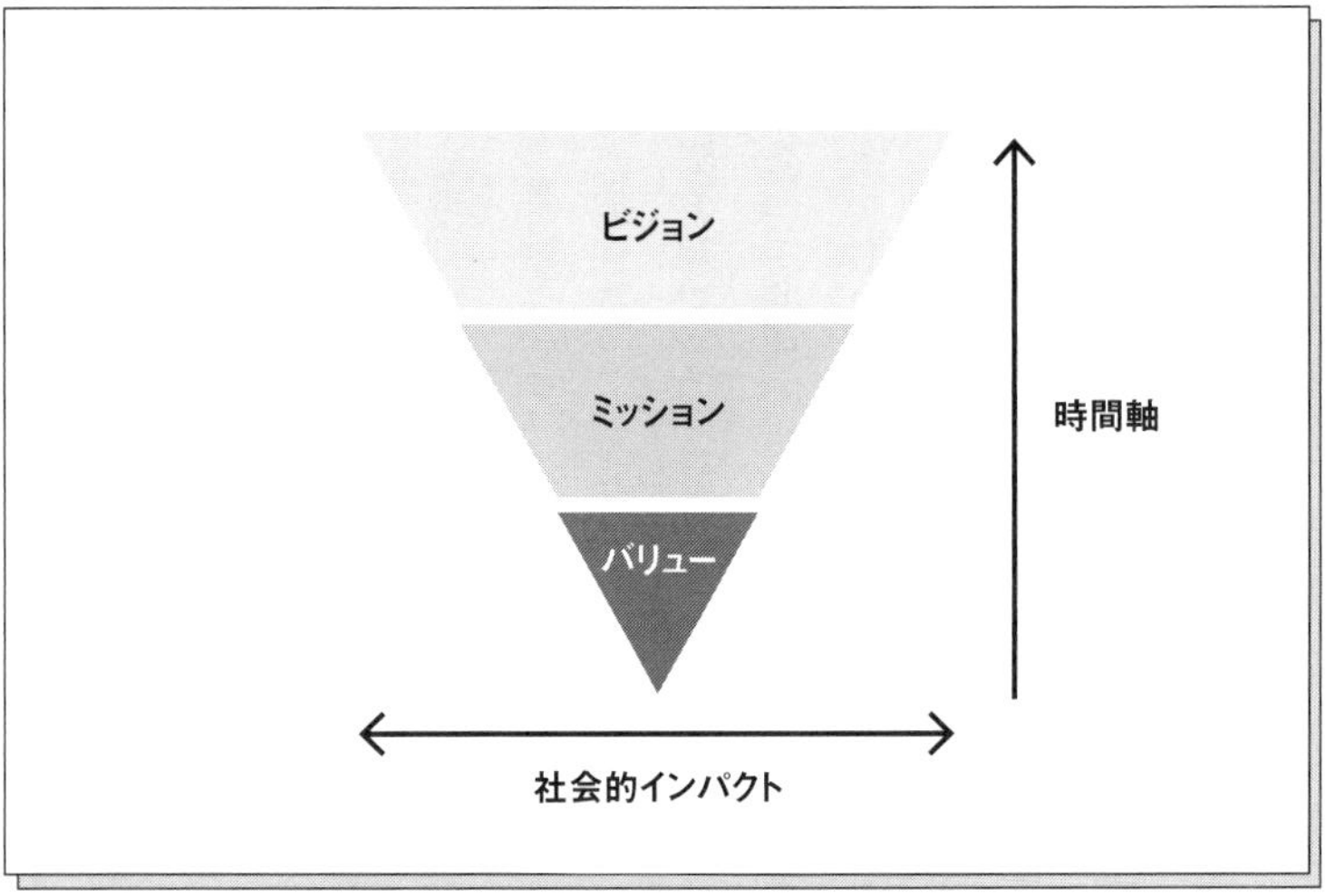
ビジョン
ミッション
バリュー
時間軸
社会的インパクト

企業カルチャーのデザイン軸は、どこまでいっても「人」です（次ページ図5-2）。カルチャーを作るのも人、体現するのも人、壊すのも人です。となると、「人のダイナミクス」を考慮に入れなければ、生きた企業カルチャーをデザインすることはできません。人と組織という動的存在に合わせた「動的なカルチャーデザイン」が必要なのです。

人や組織のダイナミクスを真に理解するには、組織の普遍的な力学を理解する必要があります。どんな組織であっても、人の集団が組織的に機能するためには次の形態をとります。

経営陣が大局に関する意思決定を行ない、それを執行したり、現場オペレーションを行なう

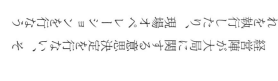

5-2　企業カルチャーのデザインの軸

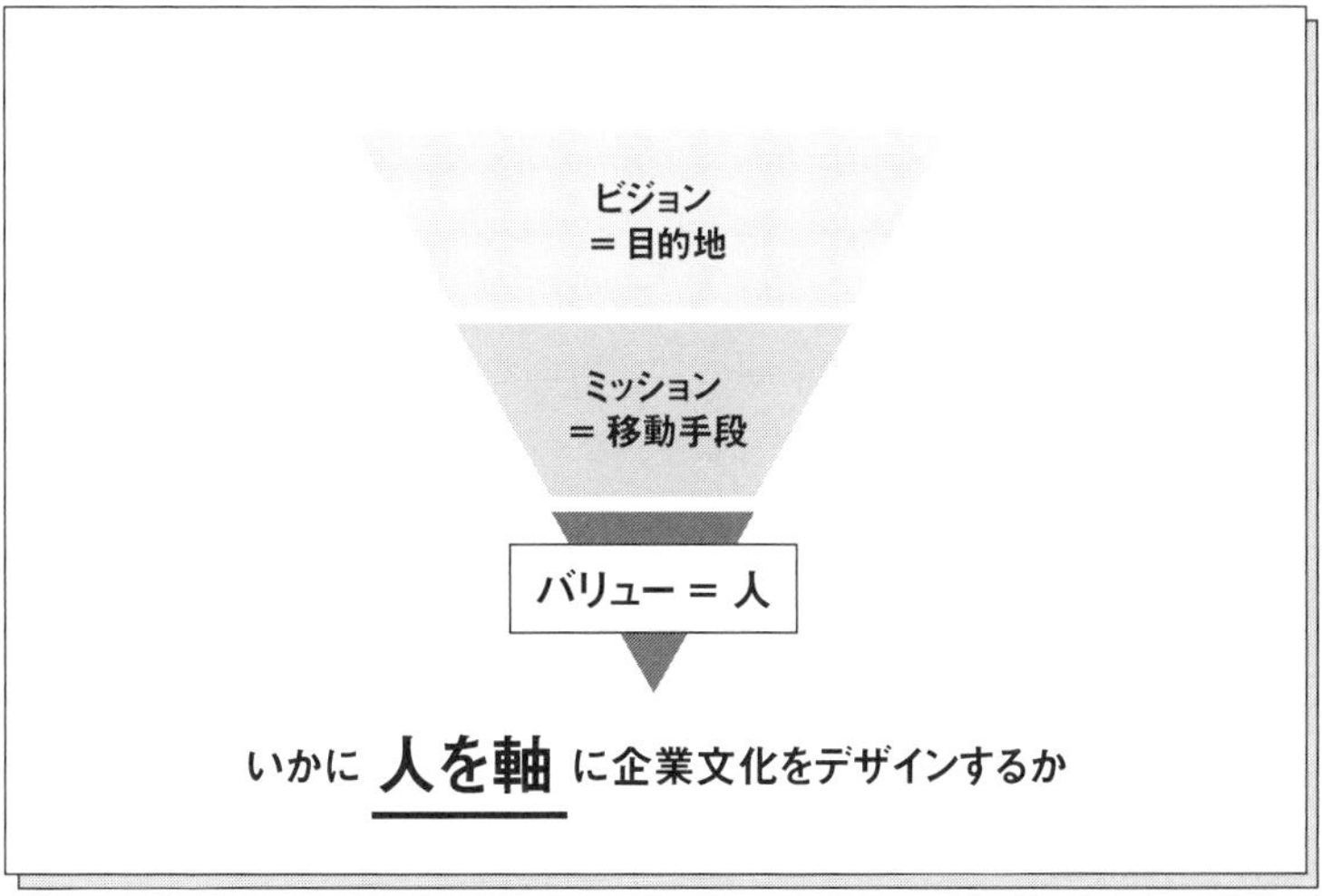
ビジョン
＝目的地
ミッション
＝移動手段
バリュー＝人
いかに人を軸に企業文化をデザインするか

スタッフレイヤーが支えるピラミッド型のヒエラルキー構造です（次ページ図5－3）。また、ごく一部のフラット構造の組織を除き、組織メンバーが一定数を超えると、ミドルマネジメント層が上下の噛み合わせを調整することで組織は稼働し続けます。カルチャーデザインにおける普遍的な人のダイナミクスとは、つまるところアテンション（配慮）の力学です。

まず原則として、「上から下への注目が、下から上への注目を量的に上回ることはない」と理解することが重要です（次ページ図5－4）。人数のバランスから考えれば当然です。

現場のスタッフは、直属の上司の言動から、経営層が下す戦略、戦術、人事評価、労務設計など、あらゆるものを意識的／無意識的に見て

5 - 3　人の集団が組織的に機能するための形態

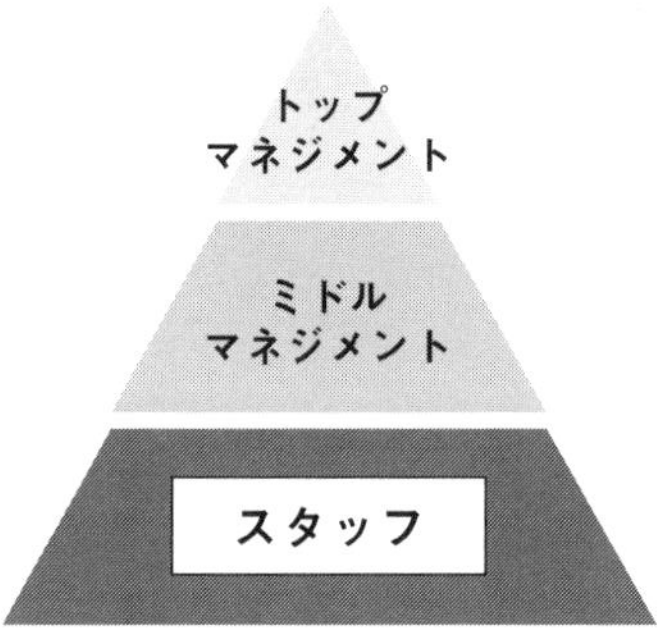
トップ
マネジメント
ミドル
マネジメント
スタッフ

5 - 4　組織構造の普遍的なダイナミクス

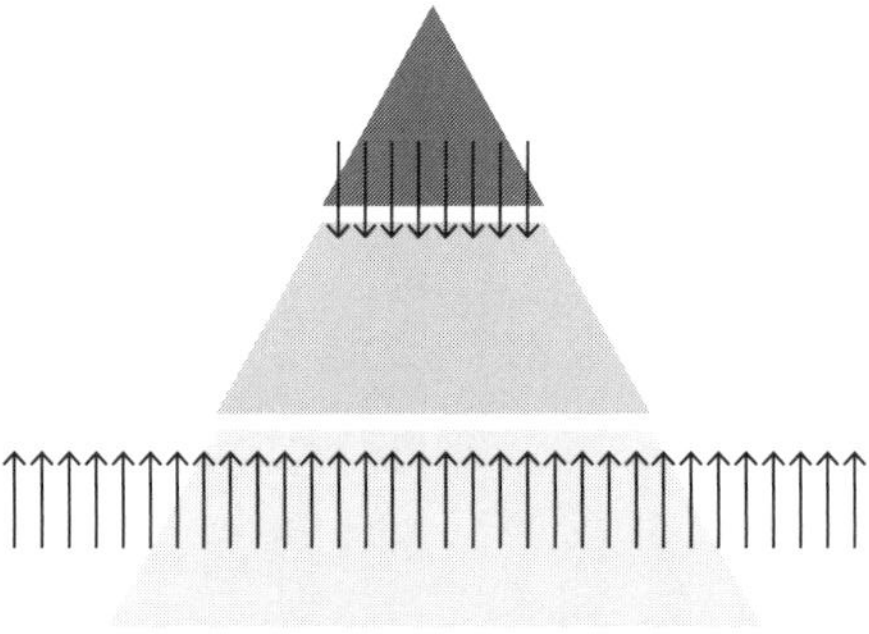

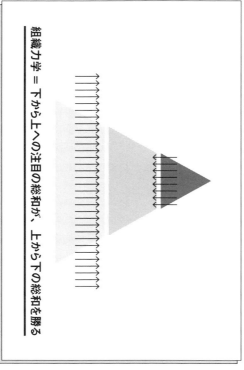

組織力学 = 下から上への注目の総和が、上から下の総和を勝る

おり、同時に毎日「カルチャーの紫外線（不可視の光線）」を浴び続けているのです。このカルチャーの紫外線は、スタッフのコミュニケーションライン、意思決定、行動など、すべてに影響を及ぼします。

この紫外線の発生源は、トップ／ミドルマネジメント層が意識的／無意識的に示す日々の判断や行動です。**いくらカルチャーを正しくデザインしようと思っても、経営陣やマネジメント層の日々の判断や言動がビジョンやミッションとは異なっていたら、組織全体はその影響を受け、悪い企業カルチャーに染まってしまうでしょう。**そう考えると、組織力学の企業カルチャーに及ぼす影響が大きいことは、おわかりいただけると思います。

カルチャーデザインはコミュニケーションデザイン

企業カルチャーにおけるコニュニケーションデザインを考えるにあたっては、組織力学を考慮するだけでは不十分です。

組織の最小単位である「個人」のインセンティブや深層心理まで考慮に入れることで、企業カルチャーを組織の末端にまで浸透させることができます。そして個人を考えるときに忘れてはいけない大前提は「人は論理の動物ではなく、情理（感情）の動物である」ということです。

先ほど、経営層やマネジメント層の日々の言動がメンバー全員の言動に影響を及ぼし、暗黙のうちにカルチャーの土台が作り上げられていくということをお話ししました。

もちろん、デザインされるべきカルチャーや規律を組織全体に明示しなければならない場面も多々あります。ただし、その際には個人の感情レベルのデザインまでを考慮する必要があります。繰り返しますが、人は論理ではなく情理によって行動する生き物だからです。そのため、カルチャーに関する号令には、聞いた側の納得感が非常に重要になります。

さらに、カルチャーデザインには変化がつき物です。組織の成長や外部環境の変化に応じて進化していくものです。ところが、従来のカルチャーに何かしら変更を加えようとすると、少なからぬ数のメンバーから「変わりたくない」「変わる必要ない」「変える理由がわからない」などの感情的な反発があります。これは、人間が現状維持メカニズムを持つ以上は仕方のないことです。

とはいえ、企業がさらに良い組織に進化し、成長を遂げるためには変わらなければなりません。企業カルチャーをデザインする側は、この攻防戦に勝つ必要があります。どうしたらよいのでしょうか？

それには企業カルチャーのセンターピンとなるキーマンを事前に巻き込んでおき、協力をあおぐことが必要になります。そのキーマンは次の質問で探し出すことができます。

あなたの会社のカルチャーを最も体現している人を、
1人だけ選ぶとしたら誰ですか？

これこそ第3章で触れた〝濃い信者〟です。彼らの力を借りて、現場におけるポジティブな感情エネルギーを最大化させるのです。それによって、企業カルチャーを良い方向に変え、組織を前進させることができます。

最後に行き着く「採用」「人事評価」というど真ん中

ここまで読み進めていただいた方ならすでにお気づきだと思いますが、企業カルチャーのデザインは結局のところ、「採用」と「人事評価」というごく当たり前のことにいかに丁寧に取り組むかというところに行き着くのです。

どんなに優れたカルチャーデザインのアプローチをとっても、採用や人事評価においてカルチャーの視点を欠いてしまっては、カルチャーの土台すら作れません。

企業カルチャーのデザインプロセスを極めて単純化してみると、次の3つに集約されます。

- **どんな（経営）判断／行動をするか？**
- **どんな人を採用するか？**
- **どんな人を評価するか？**

この3つによって企業カルチャーは出来上がり、場合によっては壊れていきます。

ここでは、改めて採用／人事評価を企業カルチャーの面から解剖していきます。

採用という輸血作業

人材の採用において「カルチャーフィット」を診ることは、テックスタートアップやITベンチャーでは、すでにデフォルトになっていると言ってよいでしょう。企業カルチャーにフィットした人材を採用することの重要性は、経営陣をはじめとするマネジメント層だけでなく、多くの現場スタッフも認識しています。

特に、創業期のスタートアップ企業や、小規模ベンチャー企業においては、企業カルチャーの中心人物である創業者自身が採用／カルチャーフィットのゲートキーパーである場合が多く、表に明示されたものだけでなく、その企業の深層に隠された「裏の企業カルチャー」までをしっかりとチェックします。

たとえば、IT業界では、「優秀なエンジニアの採用」が一大テーマになっています。テックの世界では1人の優秀なエンジニアのアウトプットが普通のエンジニアの数十人分に匹敵するということもしばしばあり、それが企業の成長に大きく影響するからです。
つまり、次の定式が成り立っています。

真に優秀な人材の採用＝企業としての競争優位

そのため、カルチャーフィットよりも「優秀さ」が優先されることが多いのですが、半面「せっかく優秀な人材を採用したのにカルチャーがマッチしないため、かえって組織の足かせになっている」というケースが多々あります。

カルチャーのミスマッチ人材という〝異分子〟は、ほかの分子や組織全体に悪影響を与えかねない危険な存在です。ローパフォーマーとなってしまうだけなく、一度そのネガティブ感情のパワーが解放されてしまうと、負の連鎖はまたたく間に広がり、組織のあちこちに負のカルチャーの病巣が発生してしまいます。

採用時のカルチャーフィットのチェックは、能力の優劣をはかることよりも、はるかに大切なことなのです。カルチャーのミスマッチは、人体にたとえるならば、輸血作業における血液型のミスマッチと同じくらい危険なものと言えるでしょう（次ページ図5－5）。

5-5　血液型＝バリュー

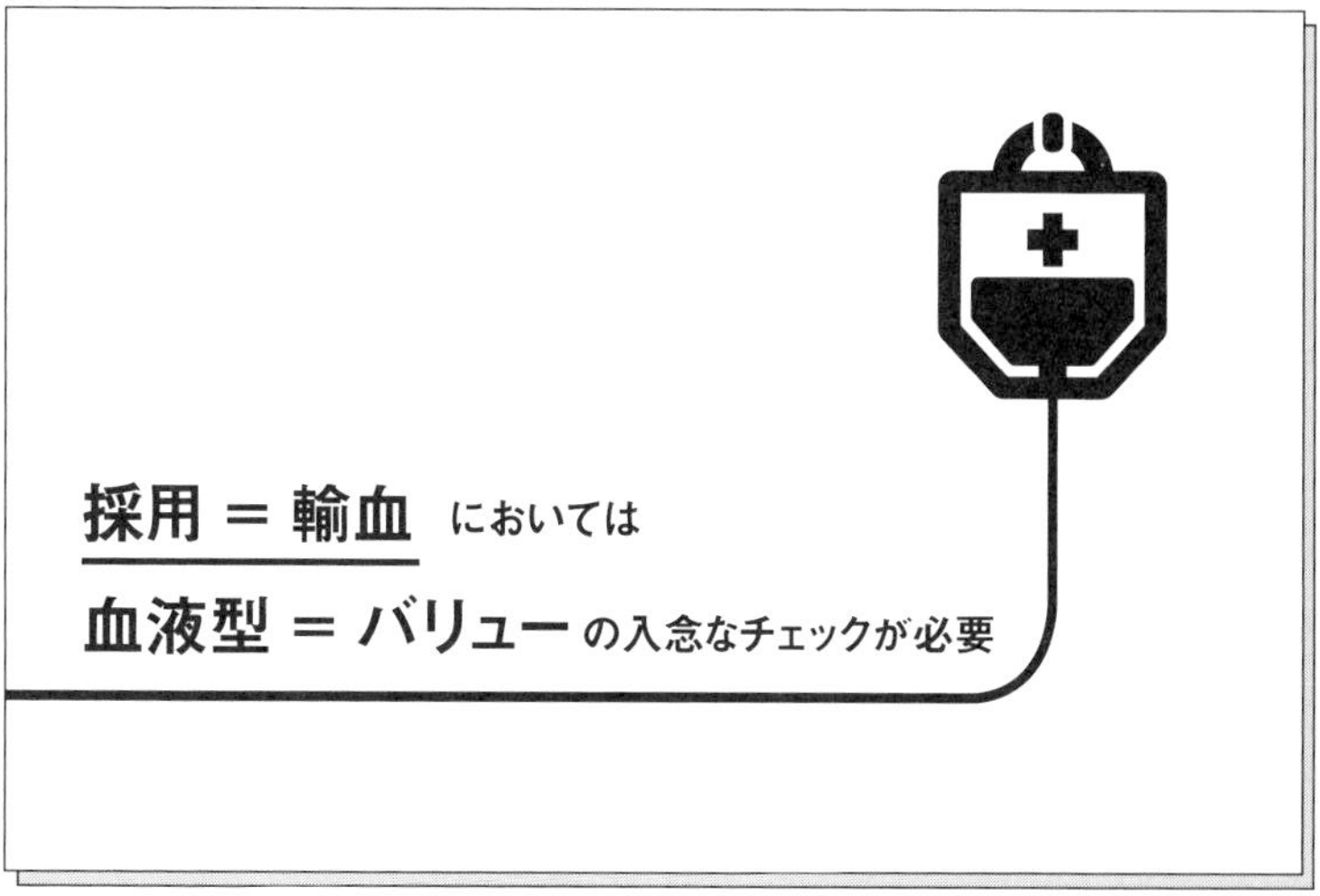
採用＝輸血 においては
血液型＝バリュー の入念なチェックが必要

すでに述べましたが、採用においてカルチャーフィットを診る場合、「明示されたコアバリューに沿って各面接官がチェックする」や「創業者が必ず最終面接でチェックする」という作業はテックスタートアップやＩＴベンチャーでは、もはや一般的に行なわれています。

ここで大切なことは、**どれほど優秀な人材であっても、「カルチャーフィットの観点から見たときに少しでも疑問符がつくならば、絶対に採用しない」という固い信念です。これも、企業カルチャーとして組織に根づかせるべきでしょう。**

たとえば、第４章で触れたエアビーアンドビーは、採用においては必ず「バリューチェック専門の面接官」が同席し、採用候補者のカルチャーフィットを診ます。エンジニアの採用であれば、コアバリューのチェックはエンジニアに担当させません。専門の面接官に担当させることで、「エンジニアとして優秀だから、おそらくカルチャーフィットも大丈夫だろう」といったバイアスが生じるリスクを徹底的に取り除いているのです。

同社は、「国籍／性別／バックグラウンドなどにおいてのダイバーシティ（多様性）は認めるが、コアバリューに関しては多様性は必要ない」というスタンスです。

結局、ビジネスもスポーツと同様で、ホームランバッターばかりずらりと並べても打線はつながらず、エースストライカーばかりを揃えてもパスは通らず、結果として試合に負けてしまうのです。必要なのは「チームとして勝つためのカルチャー」を作ることであり、そのための採用です。その観点からもカルチャーフィットに重点を置いた採用が重要になるのです。

人事評価という健康診断

本章の最後に人事評価について触れておきます。

5-6　人事評価という健康診断

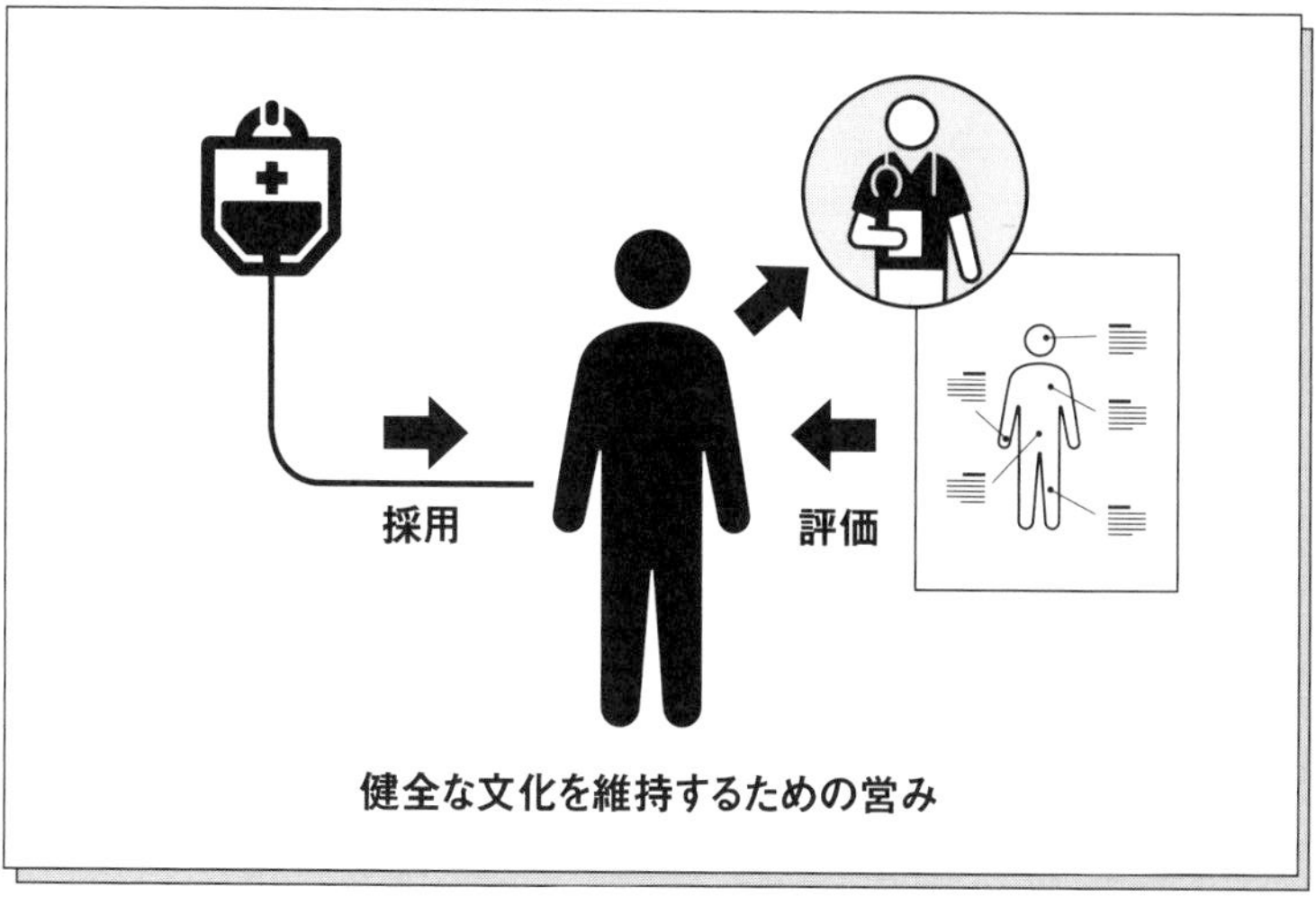
採用
評価
健全な文化を維持するための営み

人事評価の重要性はしばしば語られるものの、多くの議論では方法論にフォーカスが当たりすぎていて「そもそも、なぜ評価やフィードバックが大切なのか？」といった本質的な議論を見かけることはほとんどありません。

しかし、ここまでお読みいただいた方なら、この組織の「健康診断」ともいえる人事評価が、健全な企業カルチャーを維持するうえでいかに大切かがおわかりいただけるのではないでしょうか（図5-6）。

また、人事評価をめぐる議論においては、評価する側よりも評価される側にフォーカスが当たりがちです。もちろん、そのこと自体は悪いことではないのですが、実は人事評価において大切なのは、評価する側（ミドルマネジメント層以上）に対する企業カルチャーの観点からの人事評価（メディカルチェック）です。

先ほど「企業カルチャーは、経営陣やマネジメント層の日々の振る舞いで決まる」という趣旨のことを述べましたが、これは「企業カルチャーの純度を維持する」ことにもつながります。特にミドルマネジメント層の登用／育成においては、カルチャーフィットを重視しなければなりません。単に「優秀だから」という理由で出世させてはいけないのです。これについては、明治維新の立役者である西郷隆盛も次の言葉を残しています。

功ある者には禄を、徳ある者には官職を

実績をあげた人にはそれ相応の報酬を与えることで報いる。それに対して、企業カルチャーに貢献／フィットする人材（徳ある者）は、より高い地位に据えるということです。

第5章のまとめ

□企業カルチャーを維持するためには、成長し続ける身体の隅々にまで血管を張り巡らせ、常に血圧を適正に保ち、循環を維持する必要がある。創業者や経営者の役割は、組織という生命体の強力な「心臓」として、熱い血液を全身に送り出し、活力を維持すること。

□企業カルチャーに対する経営戦略上のアプローチは、「すでにあるもの」を可視化し、深く理解し、より広め、自社の置かれている外部環境や事業戦略に合わせて調整したり、バランスをとったり、外科手術を施したりするといった「デザイン」である。

□企業カルチャーは、経営陣やマネジメント層の日々の振る舞いで決まる。いくらカルチャーを正しくデザインしようと思っても、経営陣やマネジメント層の日々の判断や言動がビジョンやミッションと異なっていたら、組織全体はその影響を受け、悪い企業カルチャーに染まってしまう。

- □ 企業カルチャーを改善するには、組織内の〝濃い信者〟の力を借りて、現場におけるポジティブな感情エネルギーを最大化させることが必要。
- □ どんなに優れたカルチャーデザインのアプローチをとっても、採用や人事評価といった基本的な部分でカルチャーの視点を欠いてしまっては、カルチャーの土台すら作れない。採用／人事評価の際は、その人物のカルチャーフィットの度合いを重視するべき。企業カルチャーにフィットしない人物は決して採用したり高く評価してはいけない。

第6章

感情エネルギーこそカルチャーの源泉

良いカルチャーデザインとは、良い感情デザインのこと

前章では、カルチャーデザインの要件としての採用や人事評価、そして組織のコミュニケーションデザインについて述べました。特に、コミュニケーションデザインに関しては、組織というまとまった単位だけではなく、個人の感情までを考慮に入れる必要があることをお伝えしました。この章では、「個人の感情デザイン」の重要性と具体的な実践について解説します。

前章までは、企業カルチャーについての概念的なことや、やや抽象度の高い領域でのデザインプロセスを主にお伝えしました。というのも、企業カルチャーのデザインにおいては、そもそも「企業カルチャーがなぜ重要なのか？」と「企業カルチャーのメカニズムとダイナミズム」を理解することがすべての出発点となるからです。経営陣が自分たちの価値観とマインドセットを明確にし、それを社内外にしっかり説明できるようにすることが重要です。

企業カルチャーを抽象的に考えることが重要である一方で、実際に経営陣や現場のマネジメント層やスタッフなど、個人が直面する悩みや問題は極めて具体的ですし、属人的かつ泥臭いものです。そのため、カルチャーデザインを実践するにあたっては、現時点の組織固有のカルチャーと向き合い、最大限に解像度を高めたうえで、個人の感情という「特殊解」を求めていく必要があります。

ここからは、組織の最小構成単位である「個人」の行動原理と、行動の源泉となる「感情」というエネルギーにフォーカスして、カルチャーデザインの具体的な実践についてお話しします。

「行動」を変えるために、「感情」と向き合う

カルチャーデザインの本質は、理念という〝絵に描いた餅〟を実際の餅に変え、それを飲み込み、組織全体で消化していくことです。それには行動が欠かせません。

多くの組織は、コアバリューを作成／明文化したあとの浸透のプロセスでさまざまな壁にぶち当たります。つまり、知らせることはできても、それを各人の行動レベルに落とし

込むことに非常に苦労します。

企業カルチャーを組織全体の行動レベルに落とし込むためには、感情に訴えなければなりません。つまり、感情エネルギーがプラスに働くかどうかです。これまで何度も述べましたが、人間は論理ではなく、感情で動くのです。

これについては、組織をテーマにしたマンガや小説の中からヒントを探すことができます。

たとえば、古代中国の戦国時代を描いた人気マンガ『キングダム』。この作品が多くの人びとに支持された理由を考えてみましょう。

本作品に登場するリーダーたちはそれぞれの人間的魅力で、部下たちの感情を動かします。その結果、部隊の行動が変わり、最終的に戦いに勝利します。その姿には、劇中の部下のみならず、われわれ読者も心を強くゆさぶられます。

また、私が愛してやまないビジネス小説『V字回復の経営』（三枝匡、日経ビジネス人文庫、2006年）には、次のようなセリフが出て来ます。

「経営戦略なんてただの道具……それを書き上げただけで何かが解決するわけではない」

「われわれが『戦略』や『商売の基本サイクル』をいじくり回す目的はただ１つ……幹部や社員のマインドを１つにすること」

現ミスミグループ本社名誉会長で経営戦略の専門家でもある三枝匡氏が書いたこのセリフを読み、若かりし頃の私は、強い衝撃を受けるとともに、いかに自分が頭でっかちになっていたかを痛感しました。そして、その後のビジネスキャリアでは、私自身このことを身をもって知ることになりました。

古代中国の戦国時代、現代のビジネス環境を問わず、戦いのプロセスにおいては、肝心な感情の部分が抜け落ちてしまいがちです。

6 - 1 戦いの連鎖

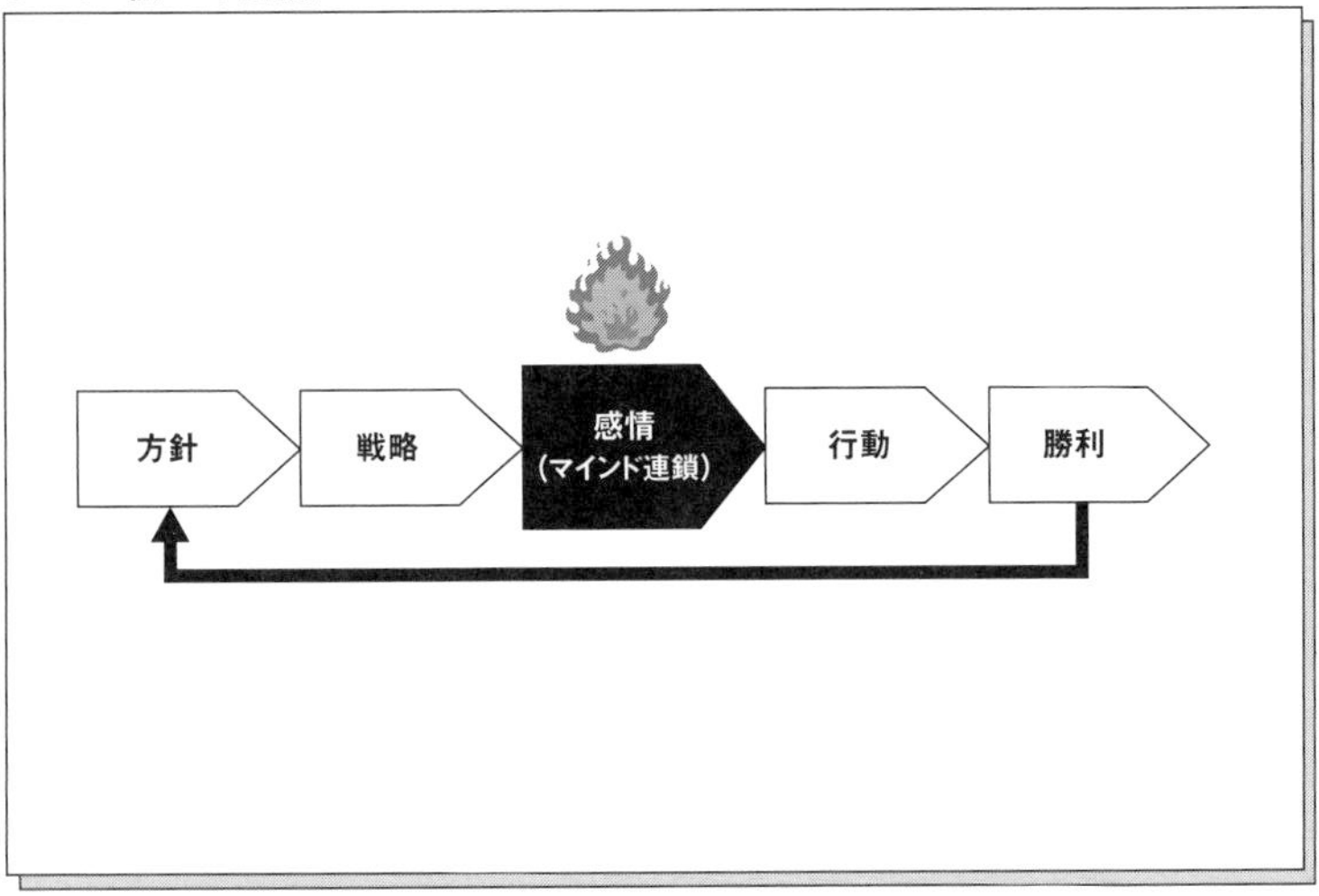

方針
戦略
感情
（マインド連鎖）
行動
勝利

やや幼稚なもの言いになりますが、個人や組織の原動力は「やる気」です。となると、図体の大きい組織を「動かす」ためには、上図の「戦いの連鎖」の真ん中にある「感情」をいかに燃やすかにかかっていることは、誰もが感覚的に理解できるのではないでしょうか（図6－1）。

第1章でも触れたように、人類が「虚構」を信じて集団的行動を行なう源泉には「Ｗｈｙ」によって突き動かされる感情エネルギーがあります。

確かに、今という時代は、定性より定量、情理より論理を優先します。とりわけビジネスの世界では、「感情」「やる気」「感覚」といったものを徹底的に排除することが推進されてきました。しかし、私自身は、企業カルチャーのデザインを通して、こうした「感情エネルギー」

をマネジメントすることが、今こそ重要になっていると考えています。先ほどの「コアバリューの浸透」でいえば、それは技術ではなく、人々の感情をともなうコミュニケーションによって実現されるのです。

これからは「良質な感情デザイン」、すなわち組織のカルチャーにフィットしたポジティブな感情を継続的にマネジメントすることが重要になります。そのためには、カルチャー浸透のキーマンとなる人材を見出し、大切に育んでいく必要があります。それは、〝濃い信者〟を中心としたコミュニケーションのデザインであり、企業カルチャーのキャリブレーション（調整）のプロセスなのです。

このデザインプロセスにおいて、経営層やマネジメント層のリーダーシップが重要になることは言うまでもありません。しかし、企業カルチャーのデザインにおける、ポジティブな感情エネルギーの担い手には、こうした上層部の人間がなれるとは限りません。むしろ、現場に潜む〝濃い信者〟を見つけ出し、担ってもらうことが重要です。

過小評価される「ギバー」がカルチャーデザインの中心となる

私には、愛してやまないアメリカ人のメンターがいます。

彼は、サンフランシスコで数十年にわたって人材ビジネスを展開し、多くのシリコンバレーのテックベンチャーに人的な支援を行なっていました。彼からは、人事や採用のことにとどまらず、生き方に関しても多くのアドバイスを授かりました。

そのうち最も強く私の中に残っているアドバイスが採用に関する次の一言です。彼がすべての候補者に対して、こだわった唯一のAttribution（属性）です。

Don't hire the person who has too much ego!
（エゴの強い人だけは、絶対に採用してはいけない！）

このアドバイスが、優れたチーム作りや健全な組織拡大にとっていかに重要なことであるかは、その後のビジネスキャリアで身をもって知ることになりました。

では、なぜ「エゴ（自我）の強い人」を採用してはいけないのでしょうか？

直感的に理解できるような気もしますが、場合によっては、強いエゴが高い目標に向かうための強烈なモチベーションになることもあるのではないかとも思えます。そんな私の疑問を一瞬で吹き飛ばしたのが、スティーブ・ジョブズやグーグル経営陣などを「コーチ」という立場から支えたシリコンバレーの英雄ビル・キャンベルの次の一言です。

謙虚さが重要な理由は、リーダーシップとは会社やチームという、自分よりも大きなものに献身することだからだ。

出典：『1兆ドルコーチ シリコンバレーのレジェンド ビル・キャンベルの成功の教え』（エリック・シュミットほか、ダイヤモンド社、2019年）

これを読むと、「エゴの強い人」を採用してはいけない理由がよくわかります。

ビルがシリコンバレーの猛者たちをコーチングするうえでまず求めたのが「コーチャブル」であることでした。「コーチャブル」とは、単にコーチをするということではなく、自分よりも大きなものの一部になれることとも解釈できます。

どれだけモチベーションや短期的なパフォーマンスが高くとも、しょせんは一個人。限界があります。それに対して、自分よりも大きな存在であるチームや企業の力になってくれる人というのは謙虚で、自分よりもチームを優先し、献身なプレーでチームの勝利に貢献します。

つまり、エゴが強く自分の成果を優先する人物（テイカー：奪う人）ではなく、組織や仲間に成果やエネルギーを与えることを優先する人物（ギバー：与える人）こそ、組織の感情デザインにおける最重要人物となるのです。

ギバーとテイカーの違いは「周囲にいる人が、その人から受ける感情」です。

テイカーは、短期的には勝つことが多いのですが、戦うのがゼロサムゲームなので、テイカーが勝つことで誰かが負けることとなります。その勝利には、常に人の恨み、妬みがついてきます。

それに対して、ギバーはゼロサムゲームを避け、対戦相手と自分がＷｉｎ－Ｗｉｎになるゲームを選びます。勝利を収めるまでに時間はかかりますが、彼の勝利には声援が送られるとともに、味方が増える、信頼感が高まるなど、ポジティブな成果を得ます。

両者が戦うゲームを比べてみましょう。

- **100メートル走とマラソン**
- **ゼロサムゲームとＷｉｎ－Ｗｉｎゲーム**

どちらで勝ちたいのか？　あるいは、勝つべきなのか？

忘れてならないことは、ビジネスとはマラソン（長期戦）であり、その本質はＷｉｎ－Ｗｉｎゲームであるということです。

天才を大事にするのか？　天才を育てる逸材を育むのか？

組織運営における困りごとでよく聞くのが「天才」の扱い方です。

天才はチームの勝利を、圧倒的な個人技で決めてしまうということが多々あります。しかし、もどかしいことに「チームでつかんだ勝利ではない」「極めて属人性が高い」「再現性に乏しい」という割り切れない思いが組織に残ります。

ここで改めて、テイカーとギバーについて考えてみます。

テイカーは天才になる傾向があるそうです。なぜなら、自分の利益を増やすために、ほかの人から知力／エネルギー／能力などを奪うからです。それに対して、ギバーは天才を育てる傾向があるそうです。ギバーは自分の知力を使うことで、ほかの人の能力を増幅したり、ひらめかせたり、あるいは、アイデアを生み出して問題を解決してあげます。

さて、企業やチームの感情エネルギーの面から見たとき、テイカーやギバーの存在がエネルギー量の増減に関係していることに気づきます。これは、組織マネジメントを定量的に行なっているだけでは、把握することはできませんし、感情エネルギーによるチームバランシングもできません。経営者自身が企業カルチャーをしっかり理解し、心身を健全な状態にすることで初めて、組織や人のエネルギーの源泉やその流れや量の変化などに気づけるようになるのです。すると、**天才のテイカーか、天才を育てるギバーのどちらかを選ぶということではなく、両者のバランスの問題であることがわかります。**

ギバーによる信頼残高

ビジネスの世界では、「クレジット」「信頼残高」という言葉がよくつかわれます。

他人同士がチームを組んで、ビジネスに取り組むことを考えれば、信頼関係が大事になることは、ごく当たり前の話ですが、そのマインドセットが不足している組織や個人が意外と多いと感じます。

たとえば、同じ発言であっても、「誰が言うか」によって、周囲への影響力や結果が異なるのは、なぜでしょうか？　それは、発言者が周囲の人たちに積み上げた「信頼残高」によって決まります。信頼を積み上げるための方法はいろいろありますが、その人の属性によるところがやはり大きいのではないでしょうか。

ギバーの発言であれば、組織にとって前例のない大きな挑戦であっても、周りは「あの人は本当に組織のためを思って言っている」と思い、聞く耳を持ってくれたり、「あの人が言うならやってみよう」と思ってもらえるでしょう（反対にテイカーであれば、「どうせ、また自分のためだろう」と、まともに取り合ってもらえない可能性が高いでしょう）。

こうした観点からも、組織の感情エネルギーを最大化し、組織が成長するために、ギバーの存在が欠かせないことがおわかりいただけるでしょう。

ギバーが組織ピラミッドに必要な理由

世に存在する組織の構造は、ほとんどがピラミッド型です。

トップマネジメント、マネージャー、チームリーダー、スタッフなど、企業によって役職の呼び方はさまざまですが、「1人のマネージャーが複数の部下を持つ」という小さなピラミッドが集まることで組織全体の大きなピラミッドが構成されます。

このピラミッドを企業カルチャーの観点から見たときに重要になるのが、「上下の情報量に格差があることによる感情のすれ違い」です。

すでに何度か述べましたが、ピラミッドの構造上、組織の上から下に向けての注目が、下から上に向かう注目の量を上回ることはありません。これが、多くの組織で〝感情のすれ違い〟が発生する原因です。

この感情のすれ違いは、たいてい「責任バイアス」によるものです。

ほとんどの人は、「自分はほかの人よりもがんばっている、組織に貢献している」と思い込み、つい自分の仕事を過大評価し、他人の仕事を過小評価してしまいがちです。

たとえば、上司は部下に「（自分はがんばっているのだから）もっとがんばってほしい／貢献してほしい」と思い、一方、部下は上司に「（自分はがんばっているのだから）偉そうなことを言うだけでなく、もっと上司らしい仕事をしてほしい／チームをきちんとマネジメントしてほしい」などと思っていたりします。

誰もが、他人よりも自分に関する情報量のほうが圧倒的に多いわけですから、こうした見方に陥るのは致し方ないことです。また、組織がピラミッド構造である以上、この責任バイアスによる感情のすれ違いは必ず発生します。

これを放置しておくと、組織の健全な成長／運営に支障をきたすことは、おわかりいただけると思います。とはいえ、経営陣やマネジメント層、とりわけ組織の構造上、最もタスクや負荷が集中するミドルマネージャーが、こうした情報格差から生じる、組織内のさまざまな感情的なすれ違いを解消したり、適切に処置するのは至難の業です。

では、感情のすれ違いの発生を抑え、組織の健全なピラミッド構造を保つためにはどうしたらよいのでしょうか？

組織の上下方向の感情マネジメント／業務マネジメントだけでなく、横／斜め方向（同僚、他部署の同期など）から感情のサポートが必要になるのです。そのサポート役を担ってくれるのが組織内のギバーです（次ページ図6－2）。

横／斜め方向の人間的なつながりは、組織図上には描かれませんが、実は組織の感情マネジメントを考えるうえでとても重要です。特に、リモート環境が普及し、リアルなオフィスに比べ、極端にコミュニケーション量が減った今こそ、注目すべきです。

6 - 2　組織内のギバーが果たす役割

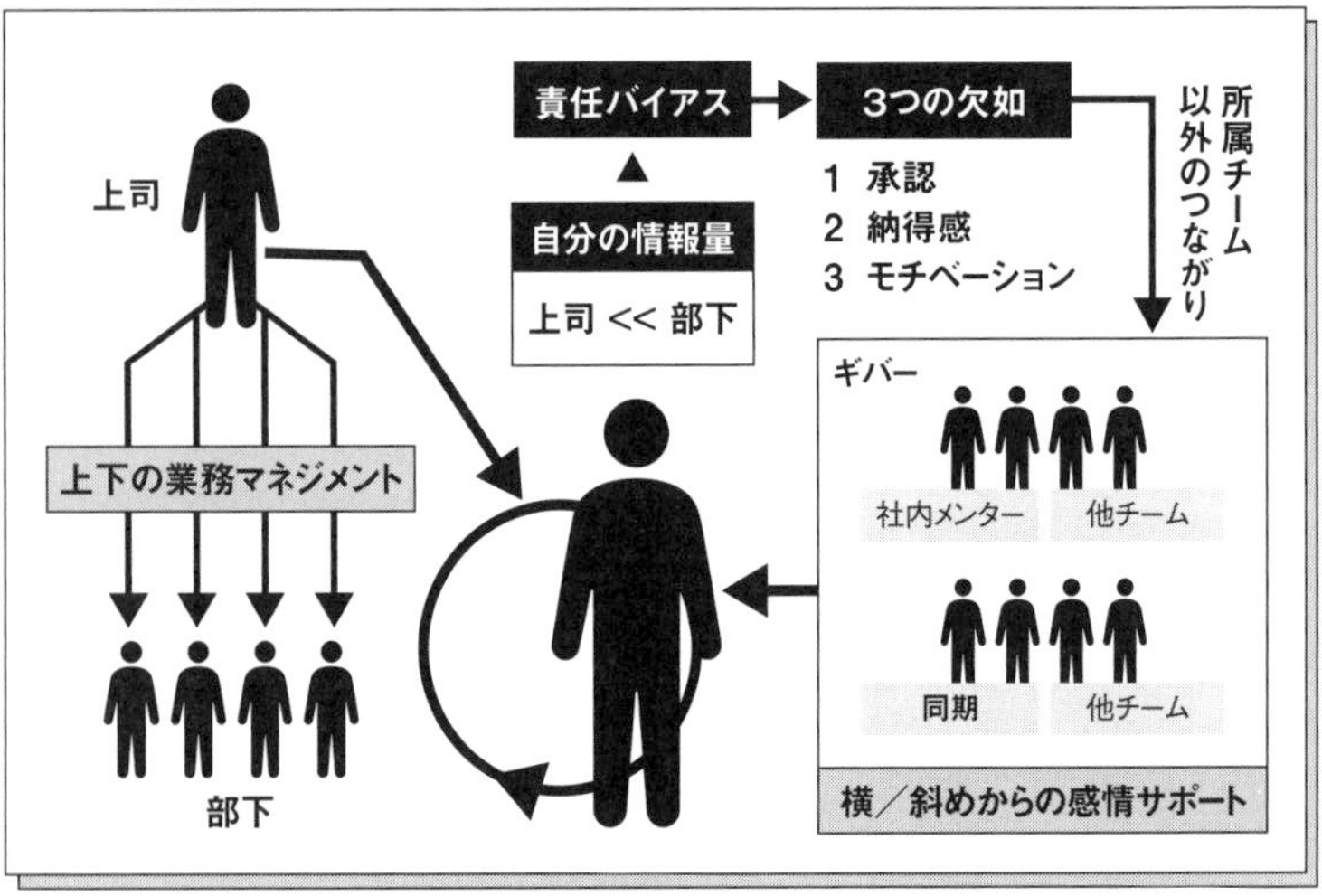

上司
責任バイアス
3つの欠如
1 承認
2 納得感
3 モチベーション
所属チーム以外のつながり
自分の情報量
上司 << 部下
上下の業務マネジメント
部下
ギバー
社内メンター
他チーム
同期
他チーム
横／斜めからの感情サポート

　ギバーは、自分の仕事を評価する前に、ほかの人の振る舞いや仕事ぶり、そして貢献を前向きに評価し、称賛します。また、大きなリスクを背負って挑戦する人を励ましてくれます。ギバーの存在は、組織における感情的なバランシングを考えたときに欠かせない、支柱のようなものです。ギバーの価値を理解できず、その人を失ったことで組織が崩壊してしまうことすらあります。ゆえに、組織内のギバーは誰かをきちんと認識し、手厚く扱うことは、組織の生命線ともいえるのです。

「やる気」を育む、ギバーという存在

組織という「感情の動物園」を前進させるエネルギーは「やる気」です。

やる気マネジメント

文字にすると稚拙ですが、成果をあげて前進するためのドライバーは結局、やる気です。

優秀な人材をたくさん採用すれば成果は上がるかもしれませんが、採用資金には限りがあります。それに対してやる気は、メンバーの感情マネジメントのやり方を間違えなければ、泉のように湧き出させることが可能です。

この「やり方を間違えなければ」というのがポイントで、実はそれほど難しいことではありません、「負の感情の地雷を踏む」というヘマをしなければ、一定クオリティのやる気マネジメントはできるのです。そんなときに頼りたいのが、ギバーたちの力です。

さまざまな科学的実験や社会調査によって、個人や組織の成功には才能／能力よりもやる気（や努力の量）が重要であることが判明しています。やる気を感情的な面から支援するのがギバーという存在なのです。

ギバーは組織のメンバーに対して、「われわれには才能／能力がある」「われわれの取り組みは正しい」「われわれは社会に価値を提供している」という自信と尊厳を与えてくれます。つまり、やる気というエネルギーを組織に供給し続け、その枯渇を防いでくれているのです。

個人や組織のパフォーマンスをシンプルに公式化すると次のようになります。

パフォーマンス＝能力×やる気

アインシュタインの相対性理論の公式「$E = mc^2$」と同じくらいシンプルで非常に重要な組織パフォーマンスの公式です。基本的なことですが、理解している人や実践できている人は意外と少ないです。

この公式のポイントは「掛け算」であることです。右辺の「能力」は短期間のうちに簡単に上げることはできませんし、大幅に下がることもありません。それに対して、**「やる気」は短期間のうちに大きく上げることができますし、ちょっとしたつまずきで極端に下がってしまいます。**ですから、組織運営を安定させたいと思ったら、やる気マネジメントに力を入れるべきなのです。

ギバーを可視化し、ケアすることの重要性

おそらく、どんな組織にも、誰かしらギバー的な役割を担う人が存在するはずです。

たとえば、第3章で紹介した組織の〝濃い信者〟は、多くの場合ギバー的な属性を持っています。彼らは、企業カルチャーを深く信仰しているため、ポジティブかつ積極的に、ときには自己犠牲もいとわず組織のために行動してくれます。彼らの姿勢と行動は、周囲のメンバーたちのやる気に火をつけます。また、組織内で発生した負の感情が全体に蔓延することを防いでくれたりもします。

ただし、人間の感情エネルギーには限りがあります。これは、〝濃い信者〟やギバーであっても同じです。いくら組織や企業カルチャーを愛していても、感情エネルギーが無限に湧

いてくるわけではありません。ですから、組織全体の感情エネルギーのマネジメントをするうえでは、誰がギバーなのかを把握し、組織の感情エネルギーの源泉ともいえる彼らのことをしっかり理解し、彼らの貢献に感謝を表明することが重要になるのです。

組織の中心で「愛」を叫ぶ人が重要な理由

ここまで、組織運営における感情エネルギーの重要性や、その発生源ともいえるギバーについて述べました。次は、別の角度から組織の感情エネルギーを論じたいと思います。それは、ビジネス書ではあまり語られることがない「愛」です。

成長の踊り場

順調に成長を続けてきた会社に「停滞」が訪れると、組織内に「負のオーラ」が漂い、何かをきっかけとして一気に噴出するといったことが少なくありません。負のオーラは、

「不満」「愚痴」「批判」という形で現れ、企業という船の航海を妨げる「内紛」の火種となり、最悪の場合、修復不可能な「船底の穴」となってしまう可能性があります。

企業が、「成長の踊り場」で足踏みをしたとき、必ず組織課題が感情をともなって噴出します。そんなときに企業が最も大切にするべきなのは、〝組織の中心で「愛」を叫ぶ人〟です。その理由をご説明しましょう。

事業の成長や売上が鈍化する「成長の踊り場」に直面した企業において組織課題が噴出する理由は、次の３つに集約されます。

1 「成長」というポジティブ要因が薄まり、相対的に「問題探し」というネガティブ思考がマジョリティを占める
2 ネガティブ思考による問題探しは、たいていの場合「チーム」「人」に行き着く
3 そもそも「成長」によって、それまで隠れていた組織課題が明るみに出る

成長の踊り場においては、どうしても上記1～3の理由から、組織課題が噴出するものなのですが、このとき経営層にできることは「結果」を出すことです。つまり、意地でも進路を成長ラインに戻すことです。結局、事業の成長がすべてを癒すのです。

ただし、これはあくまで理屈であって、実際には次々と出て来る組織課題に足を引っ張られずに、平常心やリソースを損なわずに事業を成長させることは至難の業です。だからこそ、どれほど順調に成長している時期であっても、組織の健康状態を保つことを怠ってはいけないのです。常に、社内の人間関係やコミュニケーションの状態は健全か、新規に採用する人材は企業カルチャーにフィットしているかを入念にチェックするなど、日ごろから細心の注意を払う必要があります。

ですから、事業の好不調にかかわらず、常に企業カルチャーの維持や感情マネジメントにリソースを投下し続けないと、成長の踊り場や外部環境の急激な変化に直面したときに、それまでのツケを一気に払うことになります。

そして万が一、組織が大きな打撃をこうむったり、内的崩壊の危機にさらされたとき、あるいは、激しい賛否両論をともなう大きなチャレンジに立ち向かうときに重要になるのが、最前線で活躍するスタープレーヤーではなく、〝組織の中心で「愛」を叫ぶ人〟なのです。

ネガティブリーダーに、足元をすくわれる理由

実際に経験した方にはわかると思いますが、成長の踊り場とは売上の数字などの定量的な部分に表れる現象ではなく、組織内を漂う「空気」や「ニュアンス」、あるいは進みたい方向があるのに進むことができない「流れ」のようなものです。

このような組織内のポジティブな気持ちが減衰した成長の踊り場で、頭角を現すのがネガティブなオピニオンリーダーです。ネガティブな意見は少数であっても、大きな影響力を持ちます。そして多くの場合、特定の人物への批判という形をとります。

経営陣やマジメント層が、こうしたネガティブなオピニオンリーダーへの対応や社内の火消しに気を取られることで、肝心の事業を前進させるためのエネルギーを根こそぎ持って行かれてしまうといったことがしばしば起こります。

単純に考えると、その問題を解決するには、ネガティブなオピニオンリーダーを説得したり、場合によっては解雇することで、組織にポジティブな機運を取り戻せばいいのではないかと考えがちです。しかし、これは童話「北風と太陽」における北風のやり方です。

解雇規制の厳しい日本の場合、太陽が組織内のグレーな部分（＝ポジティブ／ネガティブのいずれともはっきりしない人たち）を明るく照らし続けることで、問題人物が自ら出て行かざるを得ないような社内の雰囲気づくりをするほうが得策です。

もちろん、すべての企業における成長の踊り場が同じ状態ではないので、この解決策が有効であるとは限りません。まずは組織内の情勢を正しく理解／把握することが必要です。成長の踊り場という先行きが見えないステージでは、大半の人びとの心はそのときどきの状況によって移り変わるとともに、白黒をはっきり言わない／言えないグレーゾーンの状態にあります。

これは政治の世界にも通じることかもしれません。
昭和の大政治家、田中角栄は、人間心理について次の名言を残しています。

> 世の中は、白と黒ばかりではない。敵と味方ばかりでもない。その真ん中にグレーゾーンがあり、これが一番広い。そこを取り込めなくてどうする。天下というものは、このグレーゾーンを味方につけなければ、決して取れない。真理は常に中間にありだ。

出典：『田中角栄秘録』（大下英治、イースト新書、２０１３年）

成長の踊り場にいる人たちは、心に余裕がありません。そのため、ネガティブなオピニオンリーダーのあげる声が、まるで社内のマジョリティの意見や気持ちであるかのように錯覚してしまいます。ただし、実際には、マジョリティの意見や気持ちは白黒はっきりしないグレーゾーンの状態にあります。だからこそ、ネガティブな声を打ち消し、グレーゾーンを明るく照らす〝エモーショナルリーダー〟が必要になるのです。エモーショナルリーダーは、組織が成長の踊り場で苦しんでいるときほど、次のような言葉を恥ずかしげもなく、言い切るでしょう。

「私は会社を愛している」
「俺はミッションを信じている」
「私が会社を守り抜く」

こうした人材が、企業が苦境から抜け出すために貢献してくれるのです。
ただし、エモーショナルリーダーは大勢いる必要はありません。組織が暗闇に置かれ、誰もが光を見いだせない状態の中であっても、組織の成長を信じ、周りの人たちに希望を与えてくれる人が数人いればよいのです。組織が成長の踊り場にあるようなときに、組織への愛を謳いながら踊り続けてくれる人たちを育てられるかどうかが、大切なのです。

「愛」で踊る力は、本物なのか？

私が、この「成長の踊り場」についての話をするとき、常に引用するＴＥＤの動画があります。

有名なプレゼンテーションなので、ご覧になったことがある方も多いでしょう。「1人の踊るアホ」が踊り続けていると、一緒に踊る人が少しずつ増え、数分後には多くの人を巻き込み、踊る集団になるという動画を見せながら、社会運動の起こり方を語ったプレゼンテーションです。

このプレゼンテーションからの学びは、「ムーブメントを起こすには、最初に始めた人よりも、実はあとから加わるフォロワーのほうが大切である」ということです。私個人の実体験からも、このことはよくわかります。

How to start a movement With help from some surprising footage, Derek Sivers explains www.ted.com デレク・シヴァーズ：「社会運動はどうやって起こすか」

https://www.ted.com/talks/derek_sivers_how_to_start_a_movement?language=ja

しかし同時に、「フォロワーも大切だが、それと同じくらいに、最初に行動する人がいなければ何も始まらない」とも言えます。**成長の踊り場を乗り切るうえで、重要なのは、リスクを厭わず自らを組織のど真ん中に置いて「踊り続けられる人（＝エモーショナルリーダー）」です。そんな人を、それまでの事業の成長過程の中でしっかり育てることができたか――まさに組織デザイン力が問われます。**

もちろん、エモーショナルリーダーを育てることだけでなく、彼を承認／重用することや、はしごを外さないことも大事です。さらに大事なのは、順調なときに、それをきちんとやっておくことです。

そうすれば、停滞期にネガティブなオピ

ニオンリーダーが現れても、ポジティブサイドの対立候補としてエモーショナルリーダーを立て、彼を全面的にバックアップすることで、グレーゾーンにいるマジョリティをポジティブな方向に導くことができるのです。

第4章で紹介したサイバーエージェントでは、新卒採用から普段の育成において、〝組織の中心で「愛」を叫べる人〟を作り上げています。こうした「カルチャーの純粋培養」は、組織の停滞期において非常に重要な「要（かなめ）」となります。

それに対して、中途入社組は、過去の成功体験を持つ、ある意味で異分子であるため、いったん組織と拒絶反応を起こしてしまう（ネガティブな感情を抱いてしまう）と、なかなかポジティブな感情を取り戻すことができなくなります。

即戦力としての異分子を取り込むことは、組織にとってはチャンスであると同時にリスクでもあります。実力を持ち、経験を積んだ人材ほど、拒絶反応リスクは高くなります。しかし、彼らに組織に対する愛を抱いてもらえるように努力するのも、企業カルチャーや組織をデザインするときの醍醐味でもあります。

なぜ「ロッカールームの清掃」が勝てるチームを作るのか？

企業カルチャーをデザインすることによって、いかに組織全体の感情に火をつけるか？　そして、その燃え盛る炎が絶えないようにいかに維持し続けるか？　そんな観点から、最後にご紹介したい視座が「美意識」です。

サッカー日本代表が試合後のロッカールームをきれいに清掃する様子は、たびたびニュースでも話題になり、世界中に日本という国のカルチャーを広めることに貢献しています。また、ラグビーの常勝軍団であるニュージーランドの「オールブラックス」もまた、ロッカールームの掃除を大切にしています。なぜ、彼らは、勝負とは関係ない、掃除に取り組んでいるのでしょうか？　実は、こうした行動には「勝ち続けるためのカルチャー」を作るという目的があります。

すでに述べましたが、企業において「良いカルチャーを作る」こと自体は手段であって目的ではありません。企業の目的は「ビジョンやミッションを実現するため」ですし、さらに言うなら「ビジネスにおける競争に勝ち続けて社会に価値を提供し、利益を得る」ことです。すると、**優れたカルチャーデザインとは、その企業の文化に根ざした「〝勝てる〟組織カルチャーのデザイン」です。そして、カルチャーはハイレベルな領域のデザインであり、日々の業務で大事になるのは「行動」のデザインです。**

つまり、本当に必要なのは「強いカルチャーを作る」ことよりも、「勝ち続けるための組織行動をデザインすること」になります。

話をスポーツに戻しましょう。

たとえば、近年のプロスポーツでは「オフ・ザ・ボール」という概念が注目されています。得点を挙げたプレーヤーだけが高く評価されるのではなく、「得点を狙える環境をいかに整えたか」という観点からも、プレーヤーが評価されるようになってきています。

また、これと同じように「オフ・ザ・フィールド」という概念もあります。プロ選手といえども、実際に競技に取り組むのは、1日24時間のうちの数時間程度です。それ以外の時間は、食事や睡眠をとったり、肉体や精神の調子を整えるなど、競技以外のことに使われています。今、世界各国のどんなスポーツでも強いチームになるほど、競技には直接関係のないオフ・ザ・フィールドを大事にしているのです。

今このように「オフ」が着目されていることと、勝ち続けるための原動力としてカルチャーが重視されることには、1つの共通した背景が存在します。

プロスポーツの世界でカルチャーが注目される理由の1つとして「科学技術の進化」が挙げられます。

科学技術の進化により、戦略／戦術のオープン化と、GPSなどによる選手ごとの行動データの分析をすることなどで「勝つために何をすべきか」が定量的に考えられるようになりました。つまり、ある一定レベル以上のチーム間で技術／戦略／戦術レベルが拮抗してしまい、この部分だけでは勝負がつきづらくなっているのです。ゆえに、勝ち続けるための土台としてのカルチャーに間接的に影響を与える「オフ」が大切であるとされるようになったのです。

美意識に訴えかける、「余白のデザイン」

「オフ」というカルチャーがチームの勝敗にどのような影響を与えるのでしょうか？

そのキーワードは「美意識」です。つまり、「何を美しいかと思う感覚／感性」のことです。

たとえば、スポーツチームであれば「こういうプレーはうちのチームらしい」とか、企業であれば「うちの会社は、こういう意思決定の仕方をするべきだ」「情報共有はこのようにされるべきだ」などという美意識があるはずです。言い換えると「カッコいいか、悪いか」という感性レベルの良し悪しの尺度です。

当然、美意識は組織によってさまざまですが、カルチャーにおけるわかりやすい判断基準となります。「美意識に訴えかける」ものによって、「心が動く」。心が動けば、それが行動につながり、ひいては結果につながります。つまり、人間にとって美意識は、モチベーションを上げるための心のレバーとして機能するのです。

この美意識に強く作用するのが「余白のデザイン」すなわち「オフ」なのです。

次ページの写真をご覧ください。

この写真において、見る人の心を動かすのは、紅葉ではなく、「漆黒の余白」の美しさです。余白こそ、この写真の主役と言ってもよいでしょう。

組織のカルチャーにおいても、同様のことが言えるでしょう。余白（オフ）の部分こそ、

実はカルチャーが最も色濃く現れるのです。たとえば、企業でいえば、朝会や日常的な雑談、昼食、飲み会などです。

これらの場面を通じて、チーム全体で美意識を共有し、体現し続けることによってチームへの帰属意識や成長することへの高揚感が育ちます。その結果、勝ち続けるためのモチベーション（エネルギー）を作り続けられるということです。

新型コロナウイルス感染症の拡大以降、リモートワークが広まり、組織の余白（オフ）をデザインするのが難しくなりましたが、だからこそ前例にとらわれない「余白のデザイン」への取り組みと、それによるカルチャーの強化が求められているとも言えるでしょう（次ページ図6－3）。

6 - 3 組織の余白(オフ)をデザインする

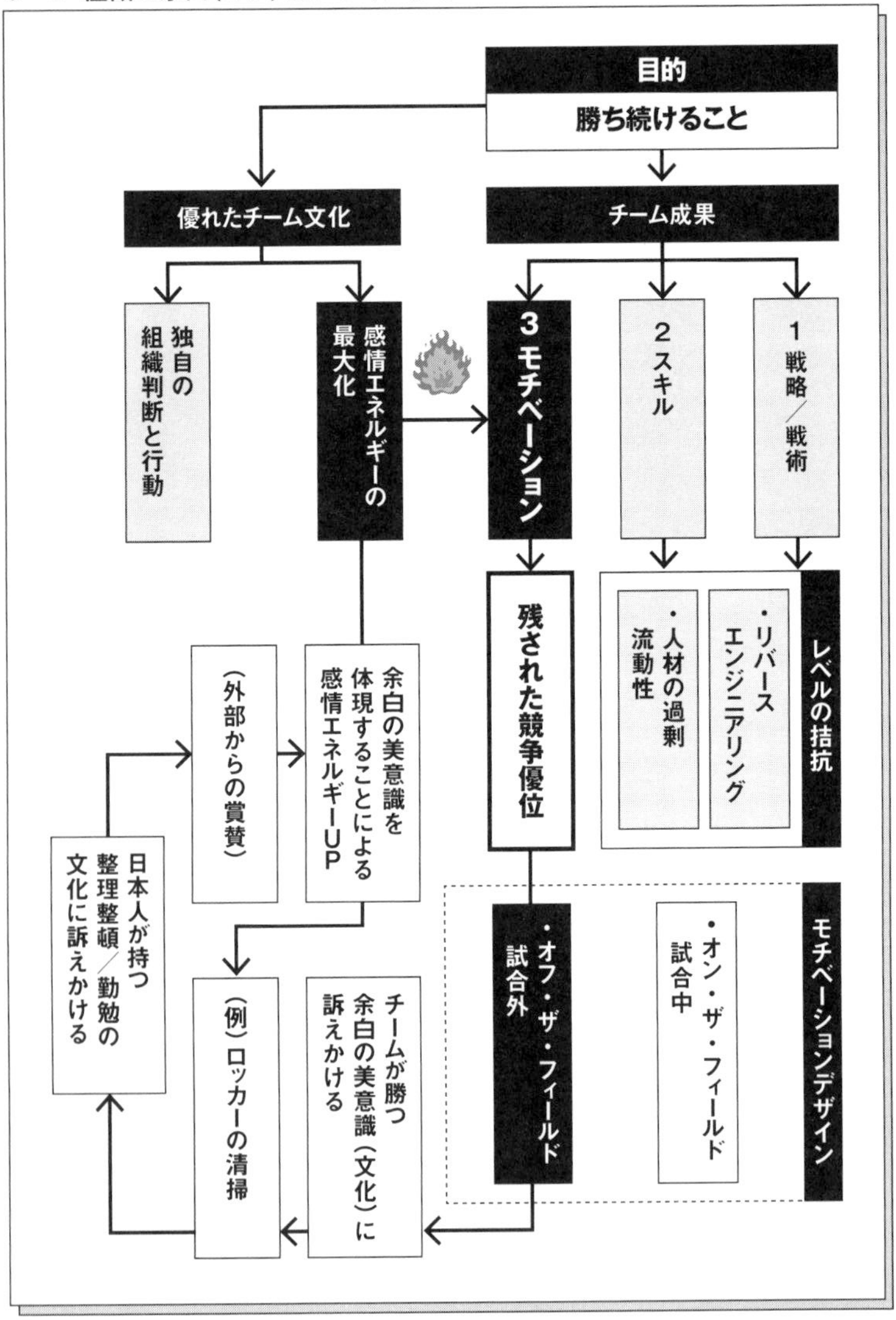

目的
勝ち続けること
優れたチーム文化
チーム成果
独自の
組織判断と行動
感情エネルギーの
最大化
3 モチベーション
2 スキル
1 戦略／戦術
残された競争優位
レベルの拮抗
・リバース
エンジニアリング
・人材の過剰
流動性
モチベーションデザイン
・オン・ザ・フィールド
試合中
・オフ・ザ・フィールド
試合外
余白の美意識を
体現することによる
感情エネルギーUP
(外部からの賞賛)
日本人が持つ
整理整頓／勤勉の
文化に訴えかける
チームが勝つ
余白の美意識(文化)に
訴えかける
(例)ロッカーの清掃

「フェアプレー」がもたらすポジティブな感情エネルギー

この章の最後に、私が今、経営の一端を担っている株式会社ラントリップの実例をご紹介します。

ラントリップは「もっと自由に、楽しく走れる世界」の実現に向けたさまざまなランニングの事業を展開するＩＴベンチャーです。ランニング市場を事業ドメインとしていることから、チームにかかわるメンバーの多くがランニングをはじめとするスポーツや運動が好きです。私事で恐縮ですが、私はかれこれ20年近く、市民ランナーとして日々ランニングを楽しんでいます。学生時代はむしろ運動は苦手な部類で、いまだに球技は苦手です。しかし、ランニングは誰にも開かれたスポーツで、シューズさえあればいつでもどこでもできますし、運動神経の良し悪しにかかわらず、努力次第でタイムを上げたり、走行距離を延ばすことができます。事業を通じて、より多くの人がより楽しみながらランニングができる世界を実現したいと考えています。

さて、ラントリップというチームが掲げているコアバリューの１つに「フェア」があります。こうしたコアバリューは、難しい意思決定における羅針盤になります。右か左か進路に迷ったとき、「私たちはこんなときにどちらを選択する企業（カルチャー）なのか？」

――こんな問いに明確な答えを与えてくれます。

私たちが大切にする「フェア」は「スポーツマンシップ」と解釈することもできます。

つまり、決められたルールの上で、正々堂々と心技体の能力を競い合うということです。

当然、ラントリップのメンバーは全員、この価値観を共有しています。

ただ一方で、ビジネスの世界では、ときにルールを逸脱するような行為があとを絶ちません。また、短期的には「正直者がバカを見る」的な場面に数多く出合います。そんなある意味「何でもあり」のビジネスの世界で、「フェアプレー」を大事にすることは、ときに損をすることにつながります。

これまで私たちが行なってきた重要な意思決定の中にも、短期的には確実に損をすることがわかっていることがたくさんありました。しかし、事業収支の観点から、たとえ短期的には損失を出したとしても、自分たちが大事にしている価値観である「フェア」を体現する意思決定を行なえたときには、ポジティブな「感情エネルギー」を体感できます。

つまり、収支的には短期で損失を出しても、中長期的に見たときにカルチャーという資産のベースアップが行なわれているのです。「損して得取れ」とはよく言ったもので、「損をしたが、己の信念を曲げない意思決定や行動ができた」ことは企業カルチャーのエネルギーを増大させていると思います。

こうした「カルチャーのベースアップに対する投資」は、変化の激しい時代の厳しい競争環境を、自らの軸を持って長期的に走り続けるためには、重要なことと言えるでしょう。

第6章のまとめ

- □人間は論理ではなく、感情で動く動物。企業カルチャーを組織全体の行動レベルに落とし込むためには、感情に訴えなければならない。
- □これからは企業カルチャーにフィットしたポジティブな感情を継続的にマネジメントする「良質な感情デザイン」が重要になる。そのためには、企業カルチャー浸透のキーマンとなる人材（濃い信者）を見出し、大切に育む必要がある。
- □エゴが強く自分の成果を優先する人物（テイカー：奪う人）ではなく、組織や仲間に成果やエネルギーを与えることを優先する人物（ギバー：与える人）こそ、組織の感情デザインにおける最重要人物となる。
- □組織の感情エネルギーを最大化し、組織が成長するためにはギバーの存在が欠かせない。

□人間は、「自分はほかの人よりもがんばっている、組織に貢献している」と思い込み、つい自分の仕事を過大評価し、他人の仕事を過小評価してしまいがち。こうした「責任バイアス」が組織における「感情のすれ違い」の原因になることが多い。

□感情のすれ違いの発生を抑えるには、組織の上下方向の感情マネジメント／業務マネジメントだけでなく、横／斜め方向（同僚、他部署の同期など）からの感情のサポートが必要になる。そのサポート役を担ってくれるのが組織内のギバー。

□個人や組織のパフォーマンスは「能力 × やる気」で決まる。「能力」を短期間のうちに上げるのは難しい。それに対して、「やる気」は短期間のうちに大きく上げられる。ただし、ちょっとしたつまずきで極端に下がる。そのため、組織運営を安定させたければ「やる気マネジメント」に力を入れるべき。

□事業の成長や売上が鈍化する「成長の踊り場」に直面した企業では、それまでに溜め込まれた「負の感情エネルギー」が問題という形で噴出しがち。それから救ってくれるのが、ネガティブな声を打ち消し、組織のグレーゾーンを明るく照らす〝エモーショナルリーダー〟やギバー。こうした人材を普段から育てるようにするべき。

□優れたカルチャーデザインとは、その企業の文化に根ざした「〝勝てる〟組織カルチャーのデザイン」。そのためには、カルチャー領域のデザインだけでなく、「行動」もデザインする必要がある。

□美意識は、企業カルチャーにおけるわかりやすい判断基準となる。「美意識に訴えかける」ことによってメンバーの「心が動く」。心が動けば、それが行動につながり、ひいては結果につながる。美意識は、モチベーションを上げるための心のレバーとして機能する。

□チーム全体で美意識を共有し、体現し続けることによってチームへの帰属意識や成長することへの高揚感が育つ。その結果、勝ち続けるためのモチベーション（エネルギー）を作り続けられる。

第 7 章

終わりなき
カルチャーデザインの実情

終わりなきカルチャーデザインにおける基礎体力とは？

第5章では具体的なカルチャーデザインの手引きを、第6章では「感情のデザイン」という観点から優れた組織カルチャーを作り、維持するために必要なことを解説しました。この章では、さらに踏み込んで、日常業務／現場レベルでのカルチャーデザインについて解説します。

カルチャーデザインに終わりはありません。なぜなら、組織は成長し続けたり、外部環境に対応するために常に変化し続けなければならず、それに歩調を合わせて企業カルチャーも常にアップデートされる必要があるからです。組織が大きくなることで、カルチャーの「グレーゾーン」も拡大しますし、常に対応し続ける必要があります。つまり、**「組織のグレーゾーンに白黒はっきりつけること」**がカルチャーデザインの「基礎体力」ともいえるのです。

優れた企業カルチャーは、曖昧さを許しません。なぜなら、組織の判断／行動の指針の羅針盤だからです。精確な羅針盤があれば、組織全体が正しい方向に向かえますし、各現場における判断／行動にも小回りが利きます。さらに、優れた企業カルチャーがあることで、組織に必要な人と不必要な人がはっきりわかります。

上の図は、皆さんもご存じの「すべてのものは陰と陽が混じり合ってできている」という、道教の世界観を表す太極図です。黒い部分が陰、白い部分が陽です。陰陽についてWikipediaで調べると次のように解説されています。

> 陰陽とは、中国の思想に端を発し、森羅万象、宇宙のありとあらゆる事物をさまざまな観点から陰（いん）と陽（よう）の2つのカテゴリに分類する思想。陰と陽とは互いに対立する属性を持った2つの気であり、万物の生成消滅といった変化はこの二気によって起こるとされる。

陰陽についての考察はここでは割愛しますが、次の2つの点で企業カルチャーを考えるうえでの重要なヒントになります。

- **あらゆる万物は陰と陽に二分され、万物の生成消滅はこの二気によって起こる**
- **陰陽二元論は善悪二元論とは異なる。陽は善ではなく、陰は悪ではない**

光があれば影がある。朝が来れば次に夜が来る。生まれながらに陽気な性格の人もいれば、内気な性格の人もいます。それらは決してどちらが良い、どちらが悪いということではありません。相反する2つのものが同時に存在することで世界のバランスがとれているのです。また、太極図では陰陽が黒と白ではっきり分かれていますが、現実世界においては、はっきり分かれていないグレーゾーンの領域のほうが圧倒的に広いのです。この陰陽の基本的な考えをカルチャーデザインに取り入れることで、優れた企業カルチャーを作り上げることができるのです。

前章で、田中角栄の次の言葉を引用しました。

世の中は、白と黒ばかりではない。敵と味方ばかりでもない。その真ん中にグレーゾーンがあり、これが一番広い。そこを取り込めなくてどうする。天下というものは、このグレーゾーンを味方につけなければ、決して取れない。真理は常に中間にありだ。

圧倒的多数の人々の心理は、白黒がはっきりしていることはほとんどなく、その間のグレーゾーンを常に揺れ動いているのです。これは組織においても同様です。

カルトのようなカルチャー

卓越した企業とそうでない企業の違いを、長年にわたる大規模調査をすることで書かれた名著『ビジョナリー・カンパニー』（ジム・コリンズほか、日経ＢＰ、１９９５年）は、多くの方がご存じだと思います。この本には、キービジュアルとして太極図が登場します。

7 - 1『ビジョナリー・カンパニー』の太極図

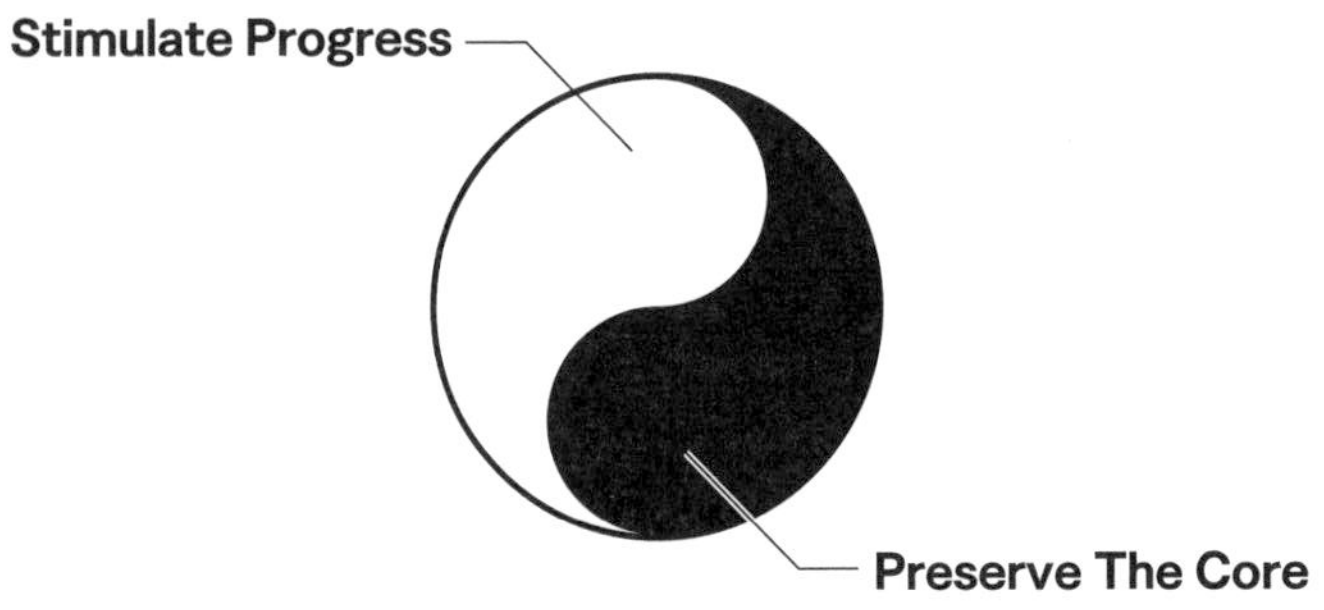
Stimulate Progress
Preserve The Core

本書における陰陽とは次の2つです。

- **Preserve The Core：基本理念を維持する**（陰）
- **Stimulate Progress：進歩をうながす**（陽）

「〝基本理念を維持しつつ、進歩をうながす〟を実現している企業こそ、真に卓越した企業である」というのが「ビジョナリー・カンパニー」を築くカギとされています。簡単に言えば、「守りと攻めのトレードオフを打ち破り続けている会社」と言ってもよいかもしれません。

ただし、「優れた企業デザイン」という観点から参照すべきは、この陰陽ではありません。確かに本書で語られる、コア（基本理念）を掲げ、それを維持しつつ高い目標やイノベーションにチャレンジするエグゼキューション（実行）の大切さには同意します。しかし、私がこの章で述べたいのは、企業カルチャーにおける陰陽論です。

実は、ビジョナリー・カンパニーは、企業としては優れていても、「誰にとっても居心地の良い職場である」とは言えないでしょう。むしろ、彼らは自分たちの性格、存在意義、達成すべきことを極めてはっきりさせているので、自社の価値観に合わない社員や合わせようとしない社員が働ける余地がなくなってしまいます。そのようなカルチャーは、「カルト主義」という強い言葉で表現しても行きすぎではないと思います。

つまり、そんなカルトを彷彿させる企業カルチャーを持つビジョナリー・カンパニーにおいては、組織におけるグレーゾーンの領域が極めて狭いのです。白か黒か、右か左かがはっきりしているから、その会社に合う人／合わない人が鮮明になります。合わない人が除かれることで、人数は少なくなりますが、その分カルチャーにぴったりフィットしてしまった人は、〝濃い信者〟となり、ポジティブなエネルギーを発してくれる可能性が高まります。このことについて、第4章でも触れた事例も含め、いくつかのケースを通じて論じていきたいと思います。

ケース1 アマゾン

カンザス大学が行なった993社への調査において、アマゾンは「ワークライフバランス」の評価が極めて低い結果となりました。同社は、CEOジェフ・ベゾスの強烈なリーダーシップ、猛烈なハードワーク、極端な成果主義で有名です。そんな同社のスタイルと対極にあるのがワークライフバランスです。

ただし一方で、同社の従業員満足度は極めて高い結果となりました。これはいったい何を意味するのでしょうか？

ハードワーク、ワークライフバランス、ダイバーシティ、透明性など、どれも一概に良し悪しを決めることはできません。各企業が、自分たちのスタンスを明確にする（白黒はっきりさせる）ことが大切なのです。

たとえば、アマゾンであれば、ワークライフバランスは悪いが、従業員満足度は高い会社であるとはっきりしているため、その価値観を受け入れられる人だけが合流するのです。それにより、さらに企業カルチャーが強化されます。

たとえば、ベゾスは全社集会で受けた、ワークライフバランスに関する社員からの厳しい質問に対して次のように回答しています。

われわれがここにいるのは成果をあげるためだ。最優先事項はそれだ。それがアマゾンのＤＮＡだと言ってもいい。自分の全力を投入して素晴らしい成果をあげるのが無理だというのなら、君は職場を間違えたのだろう。

出典：『ジェフ・ベゾス　果てなき野望』（ブラッド・ストーン、日経ＢＰ、２０１４年）

この発言が倫理的に正しいのか、あるいは、問題を指摘した社員のほうが正しいのかは問題ではありません。１つ言えることは、アマゾンとはそういうカルチャーの会社であり、それが合わないのであればその社員は選ぶ職場を間違えてしまったというだけのことなのです。

アマゾンの企業カルチャーは極端かもしれませんが、その有効性は何よりも彼らの実績が物語っています。時価総額が１兆ドルを超え、世界１位となったアマゾンの創業は１９９４年、アップルやマイクロソフトの創業が１９７０年代なのと比べるとかなり後発です。おそらくベゾスは、創業初日から企業カルチャーを強く意識し続けてきたのでしょう。

企業文化の30％は起業家が心に描いた通りの姿、30％が初期の社員の質、残り40％は偶然の作用の混合物だ。（ジェフ・ベゾス）

出典：『ジェフ・ベゾスはこうして世界の消費を一変させた』（桑原晃弥、ＰＨＰビジネス新書、２０１３年）

ケース2 ネットフリックス

すでに触れたネットフリックスの「カルチャーデック」について改めて考えてみましょう。

今でこそ、「カルチャーデック」は、同社の際立ったカルチャーを社外にアピールする絶好のプレゼン資料となったり、世界のスタートアップ企業の採用マーケティングの必須アイテムとなっていますが、もともとは社員向けに10年以上にわたって更新し続けられていた内部資料でした。つまり、彼らは組織内のグレーゾーンが発生するたびに、「われわれの組織はこういうときにこういう判断をする組織ですよ」ということを明確にし、グレーゾーンを払しょくし続けてきたのです。

彼らから学ぶ、**企業カルチャーを強める唯一の近道は、毎日組織のグレーゾーンをなくす努力を続けることです。**

どんな人を採用し評価するのか？　正規と非正規の違いは？　どんな働き方を許容するのか？　リモートワークはどうするのか？

こうしたことを曖昧なままにしないことが大切です。日々、自分たちは何者であって、何者ではないのかを問い続けるのです。

さて、ネットフリックスの企業カルチャーは上から下へ、あるいは中心から周囲へといった一方通行的に浸透させているものではありません。同社の元チーフタレントオフィサーであるパティ・マッコードは、著書『NETFLIXの最強人事戦略』（光文社、２０１８年）の中で「カルチャーデック」について次のように説明しています。

> カルチャーデックは経営陣が従業員に求める行動であるとともに、従業員が経営陣に求めるべき行動でもある。

また、彼らもアマゾンと同様に「どんな人が欲しいのか」、そして「どんな人が欲しくないのか」を明確にしています。採用プロセスにおいて、〝ただ優秀なだけ〟の人材に次のように言い切れるのか？　それがグレーゾーンの発生や蓄積を排除することにつながります。マッコードは採用候補者に次のように伝えます。

もしあなたが精神を解き放って、実現するかどうかもわからない革新的なことを考えるのが好きなら、グーグルが向いていますよ。うちでは1つのことしかやりません。そして1つのプロダクトで顧客を楽しませることに全身全霊を傾けています。だからそれに情熱がかけられないのなら、ぜひグーグルへどうぞ。すばらしい会社ですよ、うちとはまったく違うだけですからね。

出典：『NETFLIXの最強人事戦略』（光文社、2018年）

ケース3　サイバーエージェント

第4章でも述べましたが、サイバーエージェントの組織／企業カルチャーのデザインは、リクルート、インテリジェンスと続く「脱もの作り」カルチャーを継承しています。

核となるのは、人的資本への圧倒的投資です。単に優秀な人材を採用して終わりではなく、極めて高いモチベーションを維持する組織を作り上げるために、巧妙な仕組み作りをしています。その筆頭に挙げられるのが、日々のコミュニケーションに対する圧倒的な投資です。彼らにとってコミュニケーションは、コストではなく投資です。濃密なコミュニケーションにより、毎日グレーゾーンつぶしを行なっているのです。

中でも採用に関するあらゆるイベントは、「誰がサイバーエージェントらしいか」「誰がサイバーエージェントらしくないのか」をはっきりさせます。採用イベントに、社内の重要メンバーや幹部候補生を意図的に巻き込むことによって、組織内におけるカルチャーの増殖システムとして機能させているのです。そして、これを経営陣や人事部門が確信犯的に行なっているのです。

日々、組織内のあらゆる場所で発生する可能性があるグレーゾーンの芽を、こうしたコミュニケーションや施策により、丁寧に摘んでいるのです。

グレーゾーンの3つのレイヤー

グレーゾーンに着目した企業カルチャーのデザインプロセスには、どのようなものがあるでしょうか？　ここでは、次の３つのレイヤーに分けて説明します（次ページ図７－２）。

1 日常の行動：Daily basis Solid Behavior

52歳で起業し、マクドナルドを成功に導いたレイ・クロックは、自分たちが提供するサービスにおいては、商品だけではなく店舗での体験も、食事における重要な価値であることを、自らの行動を通じて伝え続けました。クロックは、店長が出社する前にスーツ姿で必死に店舗や周辺の清掃をすることで、マクドナルドが提供する価値は何であるかを示したのです。これが今日の同社の繁栄の礎になったことは間違いありません。

また、スポーツの世界においても、試合での勝利への貢献という直接的な価値だけではなく、日々の行動によりチーム全体のパフォーマンス向上に貢献するという間接的な価値が重視されます。

　たとえば、日本サッカー代表の元監督・岡田武史は、2010年のワールドカップで、川口能活を第3ゴールキーパーとして選抜した理由を、最終メンバー発表の記者会見の場で次のように語っています。

> 川口を第3ゴールキーパーとして起用した。第3キーパーといったら、よっぽどのことがない限り試合に出ない。でもその能活が、1試合も試合に出ないのに残り組の練習を必死になってやってる。後片づけからいろんなことを全部率先してやってる。若いやつらもふてくされられない。みんなが「能

7-2　グレーゾーンの3つのレイヤー

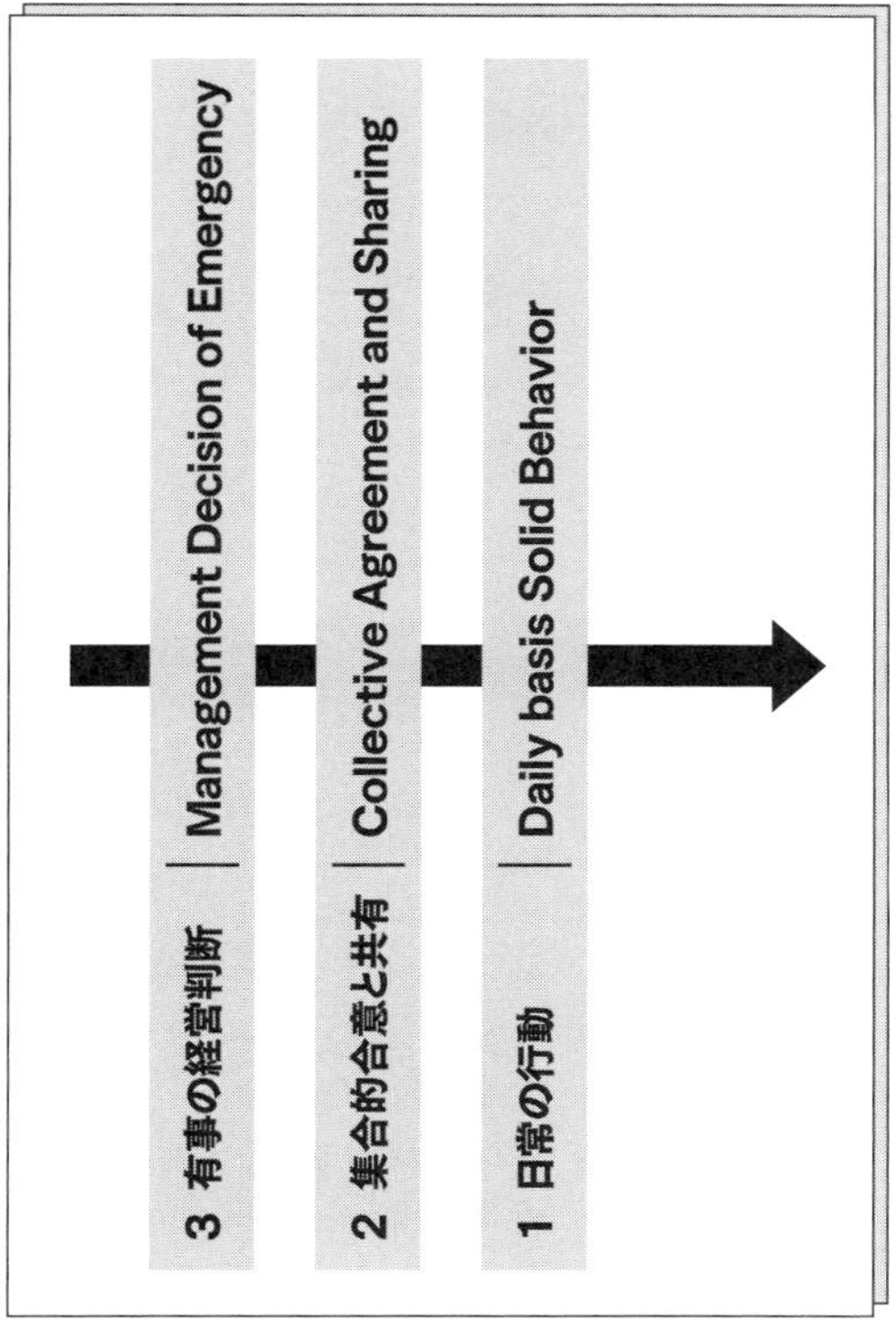
3 有事の経営判断 | Management Decision of Emergency
2 集合的合意と共有 | Collective Agreement and Sharing
1 日常の行動 | Daily basis Solid Behavior

活さんがあそこまでやってるのに」と、ぐっとまとまる。それで僕は入れた。そこをどうやって選ぶか。

こうした日常的な行動とそれを相互に承認することが、メンバーが企業カルチャーに対する不信や疑念を予防するとともに、グレーゾーンを縮小したり、消去することにつながるのです。

2 集団的合意と共有：Collective Agreement and Sharing

グレーゾーンをなくすための基本的な方法は、「日常の行動というボトムアップによる白兵戦」と、「有事の経営判断という一撃必殺の空爆」の合わせ技です。

ただし、日常の行動を強めるための仕組みと具体的なアクションがあれば、組織全体へのカルチャーの浸透圧はさらに高まります。

企業カルチャーを強化し、組織全体に浸透させるための行動は、偶然に発生するのを待つのではなく、意図的にデザインするべきです。経営層、マネジメント層が自らカルチャーのグレーゾーンを払しょくするための行動をとることに加え、現場スタッフの優れた行ないを承認し、社内に拡散／共有することが必要です。そして、継続的に拡散／共有をするためには、何らかの仕組みが必要です。

たとえば、多くの企業で定期的に行なわれる社員総会や表彰制度。高いパフォーマンスをあげた個人／チームを称賛しますが、その際に重要なのが、目に見える成果だけを称賛するのではなく、同時に彼らを「カルチャーの体現者」としても称賛するのです。

3 有事の経営判断：Management Decision of Emergency

これまでの2つを基礎体力とするならば、最後の「有事の経営判断」は〝火事場のバカ力〟と言えるでしょう。「有事」とは、たとえば「事業の撤退判断」「突然の競合出現」「社内の内紛」などといったものです。こうした事態に際して、組織としてどう判断／行動するのか？　社内の耳目が集中します。このときに、経営陣が企業カルチャーにのっとって適切に判断し、行動できれば、カルチャーは明確になりますし、グレーゾーンも消滅するでしょう。

有事をどう乗り切るかが試金石になるわけですから、考えようによっては、カルチャーを強化したり、新たにデザインするための「機会」とポジティブに捉えることもできるかもしれません。ただし、乗り切り方がカルチャーに反した判断／行動となってしまった場合、組織に与える負のインパクトは甚大であることは言うまでもありません。

「カルチャーの設計者（Culture Architect）」という主人公

これまでの解説で、3つのレイヤーでグレーゾーンを払しょくしていくことの重要性はおわかりいただけたと思います。

次は、企業カルチャーを戦略的にデザインするうえで、欠かせない主役「カルチャーの設計者（Cluture Architect）」について考えてみたいと思います。これは、第3章で紹介した〝濃い信者〟、第6章で紹介したギバーや〝組織の中心で愛を叫べる人〟や〝エモーショナルリーダー〟といった人々です。彼らこそ、企業カルチャーをデザインするうえでのキードライバーです。具体的には次のような人たちです。

- **誰よりもその会社／組織を愛し、その想いを口にすることに抵抗がない**
- **言葉よりも行動することで周りにポジティブな影響を与えている**

- 主語は「I」ではなく「We」である
- 自分が話すより、聞くことのほうが多い
- 自己犠牲を厭わず会社／組織に対して「べき論」で行動できる
- 個としてのパフォーマンスが必ずしも高いわけではないが、その人が所属するチームは高いパフォーマンスを発揮する傾向にある

このような属性を持つ人物が企業カルチャーの「コア」です。カルチャーデザインにおいて大切なのは、彼らに対して「カルチャーの設計者」に配役すると明示することです。彼らが企業カルチャーにおける真の「コア」であれば、その配役に対する見返りは決して求めないでしょう。それぞれの組織でやり方は違ってくるでしょうが、正式な職種、職位、肩書とは別に非公式な肩書や称号を与えることもできるでしょう。そして、そのことをほかのメンバーが認識しているというのが理想の状態です。

すでに多くの日本企業において、「カルチャー」という言葉を含む役職名や部署名は存在します。しかし大半は、「企業カルチャーを競争戦略における最上位概念として据える」といった自覚があるケースはほとんどないのではないでしょうか？　大半は、福利厚生の

向上や社内イベントの活性化など、人事総務における施策の延長線上で考えられているのではないかと思います。

改めて、経営戦略の一環としての人やカルチャーへの投資を見つめ直す日本企業が今後増えてくれることを切に願います。

第7章のまとめ

□カルチャーデザインに終わりはない。組織は成長し続けたり、外部環境に対応するために常に変化し続けなければならず、それに歩調を合わせて企業カルチャーも常にアップデートされる必要がある。

□組織の判断／行動の指針の羅針盤としての「優れた企業カルチャー」は、曖昧さを許さない。この精確な羅針盤のおかげで、組織全体が正しい方向に向かえ、各現場における判断／行動にも小回りが利く。組織に必要な人と不必要な人を分ける基準にもなる。

□企業カルチャーのグレーゾーンをなくすための基本的な方法は、「日常の行動というボトムアップによる白兵戦」と、「有事の経営判断という一撃必殺の空爆」の合わせ技。ただし、日常の行動を強めるための仕組みと具体的なアクションがあれば、組織全体へのカルチャーの浸透圧を高めることができ、グレーゾーンを発生しづらくできる。

□ 企業カルチャーをデザインするうえでのキードライバーは、ギバーや〝組織の中心で愛を叫べる人〟や〝エモーショナルリーダー〟といった人々。彼らを「カルチャーの設計者」として厚遇することが重要。

第8章

カルチャーをデザインする リーダーシップ

「人」から逃げない、行動で魅せるリーダーシップ

この第8章と続く第9章では、主にリーダーシップがカルチャーデザインに与える影響について解説します。第5章のデザイン要件でも述べた通り、組織の上層部にいる人間たちの日々の判断や行動は企業カルチャーのデザインに大きな影響を与えます。

言い換えると、リーダーシップをともなう意識改革や行動なしに、強い／優れた企業カルチャーをデザインすることはできません。いくらミドルマネジメント層や現場スタッフが企業カルチャーの変革や向上を望み、声をあげたとしても、経営陣のリーダーシップがそれに呼応し、機能しなければ、実現することはできません。

繰り返しますが、企業カルチャーは、経営陣やマネジメント層の日々の振る舞いによって規定されるのです。もしあなたが現在そうした立場にいるのであれば、このことを真摯に受け止め、読み進めていただきたいと思います。

さて、リーダーシップの基本は、「人」から逃げないことですが、そんな当たり前のこ

8 - 1　組織構造の普遍的なダイナミクス

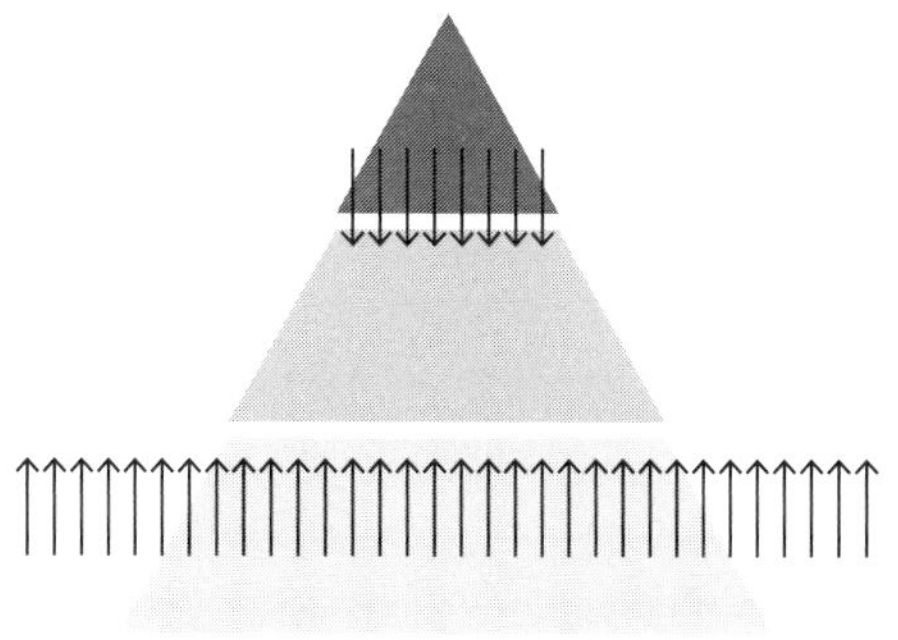

組織力学 ＝ 下から上への注目の総和が、上から下の総和を勝る

とができていないリーダーはごまんといます。

これまで繰り返しお伝えしてきたように、企業カルチャーの実態は「人のダイナミクス」であり、本質は「個人の感情デザイン」です。ですから、企業カルチャーのデザインを考えるうえで、「人」にまつわる問題から目を背けることができないのです。そして、第5章でも述べた通り、組織のメンバーたちの視線は、リーダーの背中に集まっているのです（図8－1）。

経営陣やマネジメント層が口で何を言ったところで、結局は「どんな判断／行動をしたか？」で評価されるのです。

ここで1冊の本を紹介します。

シリコンバレーのベンチャーキャピタル、アンドリーセン・ホロウィッツの共同創業者ベン・ホロウィッツの著書『WHO YOU ARE 君の真の言葉と行動こそが困難を生き抜くチームをつくる』（日経BP、２０２０年）です。

ホロウィッツが、困難に立ち向かう多くの起業家たちから共感を得てベストセラーとなった『HARD THINGS（ハード・シングス）答えがない難問と困難にきみはどう立ち向かうか』（日経BP、２０１５年）の次に発表した本です。テーマは、企業カルチャーとリーダーシップ。彼は、企業カルチャーは中長期における最も大切なテーマと言い切っています。彼自身の本書の内容に対するコメントを引用します。

いかにして企業文化を確立すべきかという本を私が書いた理由は、スタートアップを立ち上げたCEOにしてみたら、企業カルチャーなんて小さい問題だと思えるかもしれないからだ。しかしやがて大問題に発展するのだ。倫理問題というのはセキュリティ問題に似たところがある。あまりにも本質的な問題なので実際に問題が起きるまでは問題だと気づかない。

今何をしていようとカルチャーを作ること以上に重要なことはない。社員たちに常々言っているのだが、10年後、20年後、30年後に振り返ったときに個々の取引で勝ったとか負けたとか、どれだけ儲けたとか覚えている人はいない。覚えているのは、ここで働いていたときの気分、われわれとビジネスをしたときの気持ちや印象、われわれが周囲に与えた影響だ。つまりそれが企業カルチャーであり、誰もここから逃げることはできない。

そして、この本の中のハイライトともいえる一節を引用します。

This book is not a comprehensive set of techniques for creating a perfect culture. There is no one ideal. Instead, the book will take you on a journey through culture, from ancient to modern. Along the way, you will learn how to answer a question fundamental to any organization: who are we? A simple-seeming question that's not simple at all. Because who you are is how people talk about you when you're not around. How do you treat your customers? Are you there for people in a pinch? Can you be trusted? Who you are is not the values you list on the wall. It's not what you say at an all-hands. It's not your marketing campaign. It's not even what you believe. It's what you do. What you do is who you are. This book aims to help you do the things you need to do so you can be who you want to be.

〈意訳〉

この本は完璧な企業文化の包括的なテクニック書ではない。そもそもそんな唯一理想のカルチャーなど存在しない。代わりに、古代から近代まで〝カルチャー〟に関する旅路を通じ「われわれは誰なのか？」というシンプルで根源的な問いに対する解がいかに重要かを伝えられればと思う。この問いは至極シンプルに聞こえるが、実はそうではない。なぜなら、「われわれは誰なのか」とは、実際われわれがいないところで人々がわれわれに関して話すこと、噂することそのものだからだ。どのように顧客と向き合っているのか？　誰かが窮地に陥った時、われわれはそこにいるのか？　信頼されているのか？「われわれは誰なのか」は壁にかけられた価値観（コアバリュー）のリストではない。オールハンズ（全社集会）で何を言ったかでもない。ましてやマーケティングキャンペーンの内容でも、究極何を信じているかですらない。

何をするか、何をしたかがすべてだ。

その行動が、すべてを形作る。

本書は、あなたがなりたい形へ導く、行動の指南書である。

彼が一貫して主張しているのが、行動による企業カルチャーのデザインです。その企業が実際に何を信じ、何を表面上伝え、可視化しようが、最終的に行動として現れたものでしか企業カルチャーは形作られないということです。

ですから、**リーダーは常に自社の企業カルチャーを問い続け、その答えを行動で示し続けなければならないのです。**いわば「己を知る」ための自問自答の旅路です。武士が常に死と向き合うことで、正しい道を歩もうとしたのと同じように、リーダーも常に最悪の事態を想定することで、組織に本当に必要なものは何かを問い続ける必要があります。

多くの企業は、短期的なゴールやＫＰＩ、ＫＧＩなどに気を取られがちです。確かに数字は大切ですが、われわれが懸命に働く理由はお金だけでしょうか？　それほどの魅力が数字にあるものでしょうか？

短期的な成果を追求し続けることで、「人に対する関心」が薄れていきます。その結果、企業カルチャーは衰退していきます。そうならないためにも、リーダーは、人にしっかり向き合い、その人を承認し、意義のある形で報いる必要があります。それが血の通った本物の企業カルチャーをデザインするための基本中の基本なのです。

なぜ上司は部下の「やる気」を軽視するのか？

企業が目的を達成するためには、メンバー全員の力を最大限発揮するための組織を作らなければなりません。そのためには、メンバーにリーダー、マネージャーなどの役割を与える必要があります。各人が自分の配役を受け入れ、組織の成功のために献身することで、企業は成長し、成功に向けて進むことができます。これが企業という「ゲゼルシャフト（血縁や地縁などに関係なく、ある目的を達成するために人為的に結成された集団）」の宿命です。

だからこそ、組織を前進させたり、成長させようと思ったら、チームを効率的に機能させるリーダー／マネージャーといった役割を果たす人が必要になるのです。

ウィズコロナ時代の今、リモートワークが当たり前になり、同じ空間で仕事をする機会が減ったせいで、ピープルマネジメントの難易度は以前に比べて数段上がっています。何も手を打たないと、組織におけるメンバー同士の信頼残高はどんどん減ってしまいます。気づいたときには、意思決定／判断／行動の速度が致命的に遅い組織になってしまうおそれすらあります。今のリーダー／マネージャーには、かつてないほどの重責がかかっているといえるでしょう。

教育と人類の落とし穴

人をどう評価するか？

教育の現場であれば、テストの点数、偏差値、取得した単位数など数字を使って評価しますし、ビジネスの現場であっても売上や獲得顧客数などの数字に基づき、定量的に評価します。数字はわかりやすいですし、評価の根拠にしたときに説得力もあるからです。

それに対して、その人が持つ「雰囲気」「気配」「やる気」など「定性」の部分については、正当に評価するのは至難の業です。特に、説明責任が重視されるビジネスの現場では、定性による評価は否定されがちです。

もし、評価の対象がインプットに対するアウトプットがあらかじめ決まっている機械であれば、定量的な判断だけでも問題ないでしょう。しかし、感情を持ち、考えや行動の基準もまったく別々といった人間を評価する場合は、定量でない部分も考慮に入れる必要があるでしょう。

たとえば、それぞれ5人のメンバーを部下に持つ2人のマネージャーがいたとします。定量的には同じ5人であっても、一方は「自分で判断／行動できる手間のかからない優秀なメンバー」ばかり、もう一方は「我が強く、指示への反発も多く、手間のかかる問題児」ばかりだったとしたらどうでしょうか？　人数は同じでも、実態はまったく異なりますよね。

このような「人の質」の違いを、組織としてどのように捉えるのか？

その組織が「企業を人の集合体としてマネジメントする」能力が問われるところです。質の違いをできるだけ正確に把握したうえで評価することも大切ですが、それよりも重要なのは、そもそもその組織のカルチャーにおいて「人の質」をどう捉え、どう測るのかという基準です。

リモート環境の拡大によって、難易度が上がり続けるピープルマネジメント

現在、ビジネスの難易度は常に上がり続け、チャンスの隙間は常に小さくなり続けています。また、それに歩調を合わせるかのように、強い組織を作り維持すること、優秀な人

材を採用し雇用し続けることをはじめとする、「人」に関連することの難易度も上がり続けています。経済成長が大前提だった高度経済成長期は、そもそも戦うフィールド自体が「昇りエスカレーター」でした。企業の事業拡大と働く人々の「幸福」を両立させることは比較的簡単でした。

ところが、今では社会や事業環境の複雑さが増し、人々の価値観が多様化し、さらに新型コロナウイルス感染症の流行が引き金となり、仕事のリモート化が一気に広まりました。もはや、コロナ禍が落ち着いても、以前のようにオフィスに毎日出社するという勤務形態がメインになることはないでしょう。企業が組織を維持し、メンバーをマネジメントすることの難易度は一気に上がりました。

そこで今一度見直すべきは、組織の最小単位である「上司と部下」の関係です。この最小単位で作用する組織力学を真に理解し、定義したうえで、仕組み化し、企業カルチャーとして明確にすることが、これからの環境で組織を健全な状態で維持し続けるために必要なのです。

「上司と部下」の関係を理解するうえで、上司が最初に頭に叩き込み、胸に刻み込むべき最も基本的かつ重要なことは、これまでもお伝えした次の公式です。

部下の成果＝「能力」×「やる気」

シンプルにするために、「部下の成果」というアウトプットを最大化するための最大公約数だけを残し、そのほかの細かな変数はあえて省いています。多くの方が「こんなこと当たり前だろう」と思われるでしょうが、先ほども述べたように、「やる気」は定量化できないために、ビジネスの現場で評価したり、扱うことが難しいのです。

さらに、定量化できないのに、やる気の有無や強弱がその部下の成果を左右するというところがやっかいなところです。どれほど有能な部下であろうと、やる気を失ってしまえば、成果もそれに応じて落ち込んでしまいます。それが〝感情の動物〟である人間の現実です。

だからこそ、組織やリーダー層は「上司と部下」の公式における「やる気」をきちんと定義し、真摯に向き合い、細やかにマネジメントし、その維持と向上に努めなければなりません。さらに、組織全体でいうと、部下の「やる気」をマネジメントするための変数の改善の手法や仕組みを強化し続けないといけないのです。これは経営層の大きな責任です。

さらに言うなら、「やる気」をマネジメントできない人間をリーダーにしてはいけません。

リモートワークでかすむ「やる気」

コロナ禍のさなか、私は知り合いの経営者や人事担当者の多くから「組織の信頼残高の貯金が尽きてきた」という悲鳴に近い声を聞かされました。リモートワーク化により、メンバー間の距離が開き、コミュニケーションをとりづらくなったのが原因です。

オフィスに出社するリアル勤務が常態だった頃は、「上司と部下」という縦のラインにおける「やる気マネジメント」が少々まずくても、同僚や他部署にいる同期などによる横／斜めのラインにおけるコミュニケーションにより、やる気が補給されました。

しかし、今やリモート化の普及により、横／斜めのラインにおけるコミュニケーションが極端に減っています。そう考えると、メンバーへのやる気の補給は、組織全体で取り組むべき重大な課題といえるのではないでしょうか。

感情エネルギー（やる気）を因数分解する

先ほどの公式「部下の成果＝『能力』×『やる気』」を見てわかることは、「能力」がさほど高くないメンバーであっても、「やる気」さえ引き出せれば、それに応じて「成果」も上げられるということです。また、（先ほども述べましたが）反対に言うと、いくら「能力」が高いメンバーであっても、「やる気」を失わせてしまうと、それに応じて「成果」も下がります。

この公式を理解できたら、次にやることは「やる気（感情エネルギー）」を因数分解して、組織やリーダーがコントロールできるようにし、感情マネジメントを具体的なアクションプランに落とし込むことです。どう因数分解するかは、組織のカルチャーや、経営層／マネジメント層／人事担当者などの考え方に依存することなので、実際に取り組む際には十分に議論を尽くしていただきたいと思います。ここでは、私が一般的と考える答えを示しておきます（230ページ図8－2）。

〈感情エネルギー（やる気）の因数分解〉

ディレクション

1 向かうべき方向が明確である
2 向かうべき方向が魅力的である
3 向かうべき方向と自分のキャリアの方向がアラインしている

ハンドリング

4 自分の強みが発揮できている（自己肯定感）
5 意思決定の裁量が適切にある
6 所属している組織が自分に合っていると主観的に思える

サポート

7 所属チームに心理的安全性がある
8 後援者がついている（横／斜めのラインからの感情的サポートがある）

今回は、ディレクション（方向性）、ハンドリング（操作性）、サポート（安全性）の3つ

8 - 2 やる気（感情エネルギー）を育む3つのコア（Driver Motivation Method）

ディレクション（方向性）
1 向かうべき方向が明確
2 向かうべき方向が魅力的
3 自分のキャリアの方向性と一致

ハンドリング（操作性）
4 強みが発揮できている（自己肯定感）
5 意思決定の裁量が適切にある
6 チームが自分に合っていると思える

サポート（安全性）
7 チームに心理的安全性がある
8 後援者がいる（横／斜めからの感情的サポート）

やる気 人は感情をエネルギーとした内燃機関

のコアに分けましたが、私自身はやる気のマネジメントは自動車の運転に近いと感じています。

- **行くべき目的地、方向が明確である**
- **乗っている自動車が自分に合っている、操作性が良い**
- **安全性が高く、安心して運転できる**

部下がワクワクしながら仕事ができるように、上司は常に感情マネジメントをしてあげましょう。ところどころ適切に誘導しつつも、基本的には部下自身の意思で仕事を楽しんでもらう。仕事のハンドリングにも、ある程度の遊びを許容してあげる。よく考えたら、当たり前のことかもしれませんが、こうした部下の感情にフォーカスしたマネジメントこそ、健全かつ強い組織を作るための基本なのです。ゆめゆめおろそかにしてはいけません。

方程式のリアリティを高める、上司のマインドセット

やる気を因数分解し、自社の「やる気マネジメント」のポイントが明確になったら、あとは実践するだけです。１ｏｎ１などの方法論はさておき、あらゆる場面で上司はそれらを念頭にアクションし続けなければいけません。

さて、もう1つ上司が持つべき大事なマインドセットがあります。

「何を言ったか」よりも
「何が伝わったか」よりも
「行動が変わったか」がはるかに大切である。

当然、組織においては「上司が部下の成果に対して責任を持たないといけない」という前提はありますが、それよりも、まずは上司のアクションによって部下の「行動が変わったか、どうか」が大事です。

行動が変わったか》何が伝わったか》何を言ったか

人間は「感情の内燃機関」です。外から「あれをやれ、これをやれ」と言われたことよりも、自分が「これがやりたい！」と思ったことのほうにがんばれる生き物なのです。

上司が部下の「行動」をデザインするためには、何が必要なのか？　これを突き詰めると、最後に行き着くのが「信頼」です。

すべての土台は「信頼」である

部下のやる気を引き出し、行動を変えるためのすべてのアクションにおける土台が「上司と部下の信頼関係」です。あまりに当然のことすぎて、私自身、書いていて気恥ずかしくなりますが、果たして「部下との信頼関係を作る」ことに努力しているリーダー／マネージャーは、実際にどれだけいるでしょうか？

あるいは、組織開発におけるスタンスを表明するときに「リーダー／マネージャーとして何より大切なのは部下との信頼関係である。ゆえに、まずはそれぞれ各人が部下との信頼関係を築くことに尽力してほしい」と、マネジメント層に対して声高に語る経営者がどれだけいるでしょうか？

組織の問題や危機に直面したときに立ち戻るべきはシンプルな原理原則です。「約束を守る」「嘘をつかない」など、基本的な「信頼関係」が重要なのです。日々の業務に忙殺されるうちに、こうした原理原則をおろそかにしてしまいがちです。オフィスで毎日顔を合わせていれば、いったん出来上がった信頼関係はそう簡単に壊れることはないでしょう。しかし、リモート環境では、常に気を配る必要があります。

自宅で作業をする部下の一挙手一投足を把握することはできません。いくらさぼっていても、メールやメッセンジャーで「やってます」と返されたら、上司は「そうか」と信じるしかありません。だからこそ、信頼関係を築き、それを土台としてやる気をマネジメントし、行動してもらう必要があるのです。

こうした「上司と部下」の信頼関係が組織内の各部署で成立しているからこそ、良質な組織カルチャーをはぐくむことができるのです。組織を人間の身体にたとえるならば、身体中に張り巡らされた血管が信頼関係であり、そこを流れる血液がカルチャーであり、血液の質がカルチャーの純度です。どれだけ心臓が血液を押し出しても、血管が詰まっている部分には血液は流れませんし、血液が流れない組織／器官はやがて壊死してしまうでしょう。

組織が信頼関係で結ばれるようにするには、結局は「人」から逃げないことに尽きるのです。たとえば、上司は目の前にいる部下という「人」から逃げない。もちろん、自分自身という「人」からも逃げてはいけません。

「逃げない」という言葉には、言動を一致させること、相手に誠実に接することなど、さまざまなことが含まれますが、それをおろそかにせず、**全人格をかけて「人」と向き合うことで初めて、強力な信頼関係が築かれるのです。**

良いリーダーは、全力で受け身を取る

リーダーの姿勢と行動は、企業カルチャーの指標となります。第6章でも述べましたが、私のメンターは次のように言いました。

Don't hire the person who has too much ego!
エゴの強い人だけは、絶対に採用してはいけない！

また、シリコンバレーの〝1兆ドルコーチ〟ことビル・キャンベルは、次のように言っています。

謙虚さが重要な理由は、リーダーシップとは会社やチームという、自分よりも大きなものに献身することだ。

出典：『1兆ドルコーチ』（前出）

組織のリーダー層は、自分のエゴではなく、自分よりも大きな存在である会社やチーム、そしてその土台となるカルチャーに対する献身を求められます。

「子は親の鏡」という言葉がありますが、これは組織におけるリーダー層とメンバーの関係にも当てはまります。**リーダー層が自ら率先して組織やカルチャーに献身する姿を見せる**

ことで、メンバーの感情に訴え、行動を変えるのです。

さて、良いリーダーは、全力で「受け身」を取ります。具体的には、次のようなプロセスを日々の仕事の中で実行します。

1 自ら日々チャレンジする
2 チャレンジすれば大小あれど失敗をする
3 その失敗を隠さず、むしろ大袈裟に開示する
4 その失敗から、確実に次の一歩への学びを得る
5 1〜4をひたすら高速で繰り返す

一見すると、よくあるリーダーシップ論に見えるかもしれませんが、あえて「受け身」と表現したのは、「3 その失敗を隠さず、むしろ大袈裟に開示する」（つまり、失敗したときの受け身）が欠如しがちだからです。リーダーとしての見栄やプライドもありますし、結果責任もあります。そのため、「失敗できない」というプレッシャーがのしかかります。これは組織の構造上、仕方ないことです。

特に、失敗を開示することで「弱いリーダー」と思われることに抵抗を感じる方も多いでしょう。しかし、視点を変えて、リーダー個人ではなく、チーム全体としてはどうかを考えていただきたいのです。本来の目的は「強いリーダーになる」ことではなく、「チームとして結果を出す」ことのはずです。であれば、メンバーにチャレンジと成長を繰り返してもらう必要があります。そのためにも、リーダー自ら、上記1〜5を実践し、挑戦と成長の規範を示す、つまり全力で受け身を取るべきなのです。

「そんなリーダーはいらない」と言われた原体験

「良いリーダーは、全力で受け身を取る」という考えは、私自身の経験から生まれました。私が20代でチームをまかされ、「リーダーシップとは何か？」という難問に苦しんでいた当時、堀江貴文さんや「ハゲタカ」と呼ばれる外資ファンドなどの超秀才が旧態依然とした大手に買収を仕掛けるM&Aが話題になっていました。その頃に流行っていたキーワードが堀江さんの「想定内」です。どんな事態が起ころうとも「それは想定内です（キッパリ）」と言い切る歯切れの良さとオラオラなリーダーシップに、若い頃の私はとても憧れました。

何があっても想定内、そんなリーダーでありたい。

こんな趣旨のことを、社内イントラで発言したのか、それともブログに投稿したのかは今となっては記憶が定かではありませんが、強烈に覚えているのは、その発言に対する当時のメンバーのこんなフィードバックでした。

私は、そんなリーダーにはついていきたくない。

正直な話をすると、当時はそう言われる理由がまったく理解できませんでした。なぜなら、私は「結果を出せるチームを作る」ことを目指していたのではなく、「自らが強いリーダーになる」ことを目指していたからです。

今にして思うと、当時の私のチームは、いかに窮屈で、いかにハイプレッシャーで、いかに学習しづらいチームだったことでしょう。

「受け身」の重要性に気づいたのがいつ頃だったかはもはや忘れてしまいましたが、今では盛大に「受け身」を取っています。「相手を引き立てる」「相手のポテンシャルを最大限に引き出す」——その結果、メンバーの長所を掛け算することで、結果を出すことを心がけています。

本書をお読みになっているあなたは、経営層かマネジメント層、あるいはそれを目指している意欲的な方ではないかと思います。もし、「リーダーシップをさらに高めたい」と思ったら、受け身を取ることから始めてみてください。それが自分自身の成長だけでなく、組織への貢献にもつながります。あなたの受け身を通して、周りが学び、挑戦、成長することで、組織は成長します。そして、組織カルチャーも強化／健全化されるでしょう。

心理的安全性というビッグワード

今どきのビジネスパーソンで「心理的安全性」という言葉を知らない方は、ほとんどいないでしょう。グーグルが自社内で高いパフォーマンスを出しているチームに共通する要素として心理的安全性を挙げたことで、一躍有名になりました。

広く知られている一方で、誤解されていることも多いようです。この言葉には「優しい」「温かい」「相手を気づかう」などのイメージを抱きがちですが、本来は「良いことも悪いことも含め、言いたいことを正直に言える安心／安全な状態」のことです。もっとあけすけに言ってしまえば、「チーム内で信頼関係が築けているからこそ、仕返しされるのを恐れることなく、思ったことを遠慮なくズバズバ言える／意見を健康的に衝突させることができる」ということです（そう考えると、実はタフな心が要求されるのです）。そして、組織内の心理的安全性が高いことで、意見交換が活発になり、結果、メンバーの学習が継続的に促進され、成果があがるのです。

さて、グーグルは心理的安全性の高いチームの「個人の特徴」と「結果」を次のように整理しています（※）。

※ re:Work「Guide: Understand team effectiveness」
https://rework.withgoogle.com/guides/understanding-team-effectiveness/steps/introduction/

〈心理的安全性が高いチームの「個人の特徴」〉

・仕事を実行の問題でなく学習の機会と捉える
・自分の過ちを認める
・好奇心を軸に多くの質問をする

〈その結果〉
・離職率が低く
・チームの多様なアイデアの力を利用でき
・より多くの収益をもたらす可能性が高く
・経営幹部から2倍の頻度で評価される

これを基に、心理的安全性の高いチームの作り方を図解すると次ページの図8－3のようになります。

8 - 3 「心理的安全性」の高いチームの作り方

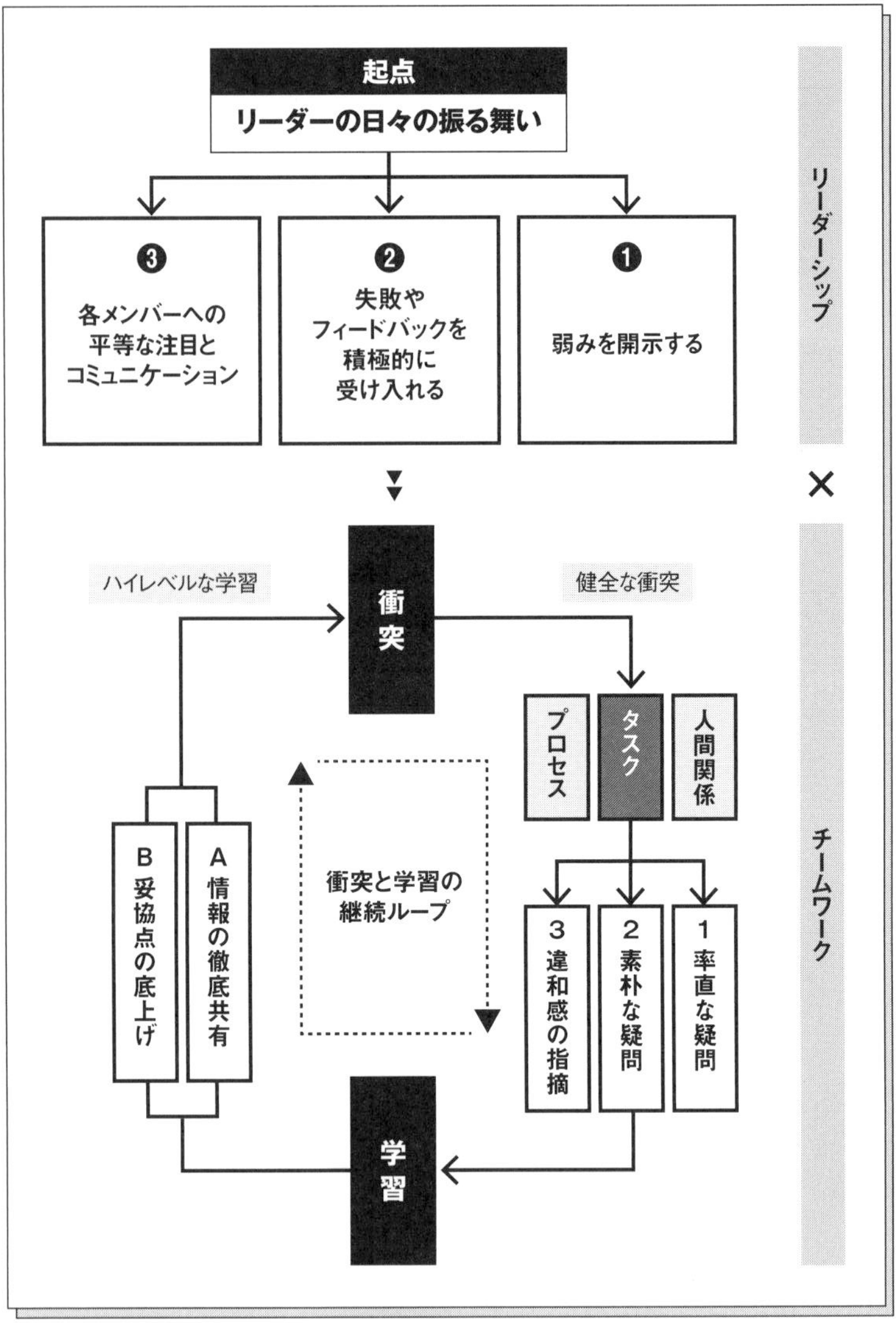

起点
リーダーの日々の振る舞い
❸ 各メンバーへの平等な注目とコミュニケーション
❷ 失敗やフィードバックを積極的に受け入れる
❶ 弱みを開示する
リーダーシップ
×
チームワーク
衝突
ハイレベルな学習
健全な衝突
プロセス
タスク
人間関係
衝突と学習の継続ループ
B 妥協点の底上げ
A 情報の徹底共有
3 違和感の指摘
2 素朴な疑問
1 率直な疑問
学習

前提は、リーダーシップとチームワークの掛け算になっているということです。どちらが欠けても「継続学習」という果実は手に入りません。そして、企業カルチャーのデザインと同様に、起点となるのは、リーダーの日々の振る舞いです。

リーダーが積極的に挑戦し、結果の失敗や弱みをあますところなく開示することによって、チームのメンバーが「挑戦が推奨されている」「挑戦した結果の失敗であれば受け入れてもらえる」というマインドになります。その結果、良い情報も悪い情報もチーム内にもれなく流通しますし、積極的な発言／問いによって「継続的な学習」がチーム内で促進されます。

ＭＩＴ（マサチューセッツ工科大学）の研究チームによる実験により、パフォーマンスが高いチームには次の５つの特徴があることが判明しています。

1 全員が平等に話し、各発言は短い
2 アイコンタクトが盛んでエネルギッシュ
3 メンバー同士の直接コミュニケーションが多い
4 メンバー間で雑談が多い

5 外部で得た情報を盛んにチームに共有する

出典：Harvard Business Review「The New Science of Building Great Teams」
https://hbr.org/2012/04/the-new-science-of-building-great-teams

先ほどの図で示した「リーダーシップ」と「チームワーク」がうまく連携すると、このような特徴が現れるのではないでしょうか。

カルチャーデザインの観点からも、心理的安全性とその成果としてのチーム学習は重要です。リーダー層は、日々、自社の企業カルチャーを自らに問い続け、言動レベルでそれを体現する必要があります。心理的安全性が高いチームであれば、リーダーの言動やときに企業カルチャーそのものに対して、メンバーから鋭いツッコミがあるはずです。そのツッコミを真摯に受け止め、さらに努力することで、リーダー自身の成長やチーム内の継続学習や企業カルチャーの浸透などにつながるのです。

第8章のまとめ

□リーダーシップの基本は、「人」から逃げないこと。企業カルチャーの実態は「人のダイナミクス」であり、本質は「個人の感情デザイン」。企業カルチャーのデザインを考えるうえで、「人」にまつわる問題から目を背けることはできない。

□ベン・ホロウィッツによると、その企業が実際に何を信じ、何を表面上伝え、可視化しようが、最終的に行動として現れたものでしか企業カルチャーは形作られない。

□リモートワークが当たり前になった今「ピープルマネジメント」の難易度が極めて高くなっている。そのため、「人」の質の違いをできるだけ正確に把握したうえで評価するだけでなく、その組織のカルチャーにおいて「人の質」をどう捉え、どう測るのかという基準を持つことが重要。

□組織やリーダー層は、人の「やる気」をきちんと定義し、真摯に向き合い、細やかにマネジメントし、その維持と向上に努める必要がある。さらに、組織全体で「やる気」をマネジメントするための変数の改善の手法や仕組みを強化し続けなければならない。

□「やる気（感情エネルギー）」を因数分解して、組織やリーダーがコントロールできるようにし、感情マネジメントを具体的なアクションプランに落とし込む必要がある。

□「何を言ったか」や「何が伝わったか」よりも、「部下の行動が変わったか」がはるかに大切。経営陣やマネジメント層はこれを忘れてはならない。

□上司と部下の信頼関係は組織の土台。信頼関係が成立しているからこそ、良質な組織カルチャーをはぐくむことができる。組織を人間の身体にたとえるならば、身体中に張り巡らされた血管が信頼関係であり、そこを流れる血液がカルチャーであり、血液の質がカルチャーの純度。

- □ リーダーは自分が強くなるのではなく、チームとして結果を出すことに注力すべき。そのためには、自ら率先して、新しいことに挑戦し、失敗してもそれを堂々と開示する「受け身を取るリーダー」になる必要がある。

- □ 心理的安全性とその成果としてのチーム学習が重要。リーダー層は、日々、自社の企業カルチャーを自らに問い続け、言動レベルでそれを体現する必要がある。

第9章

カルチャーデザインの落とし穴

組織をデモチさせるリーダーシップ

企業カルチャーのデザインは、「ビジョンの実現」「ミッションの達成」という高い山の頂上に続く険しい道を手探りで登って行く〝汗と涙の団体戦〟です。その行程には、多くの落とし穴がそこかしこに潜んでおり、常に滑落の危険があります。この章では、そんなカルチャーの落とし穴に落ちることを未然に防ぐための術を解説します。

「組織崩壊」という言葉は皆さんも耳にしたことがあると思います。特に、スタートアップ／ベンチャー企業が急成長する過程でよく発生します。「崩壊」の程度は企業によってさまざまですが、基本的には、何らかの理由で組織が機能不全に陥った状態のことです。ここでは、多くの事例に共通する最大公約数的な事柄を紹介します。

経営者が扱う膨大な変数量

特に創業期、急成長期の「シード」「アーリー」と呼ばれるフェーズにあるスタートアップ企業の経営層が自ら扱わなければいけない変数は、マーケットリサーチ、事業戦略、ファイナンス、プロダクトのグロース、事業開発、マーケティング&PR、人事、採用など多岐にわたります。

彼ら起業家は良い意味で「オーナーシップの塊」です。ありとあらゆる事柄にハンズオンで精通し、行動し、PDCAを繰り返し、鬼神のごとく働くのが普通です。そうすると、どうしても、「扱う変数が多すぎる」状態になりがちです。

また、少人数の経営陣だけで、膨大な変数をチューニングしながら、事業の成長を目指しているため、組織における権限委譲や役割分担が十分に行なわれていないのが、シード／アーリーのフェーズなのです。

見落とされる、組織崩壊につながる最重要変数

経営層が扱う膨大な変数のうち、組織の成功やミッション／ビジョンの実現に最もレバレッジを効かせられる変数は何でしょうか？

結論を言ってしまうと「やる気（感情エネルギー）」です。

さまざまな変数のうち、市場の好不況など、外部環境に影響される変数はコントロール不可能です。そのため、自らコントロール／チューニングが可能な変数に頼らざるを得ないわけですが、その中で最もレバレッジが効くのが「人」です。だからこそ、多くの新興企業が採用に力を入れているわけです。

ここで、第8章で紹介した成果の公式を再度見てみましょう。

部下の成果＝「能力」×「やる気」

これは個人だけでなく、その集まりであるチームにも適用できます。

通常、採用の際には、スキル（能力）を重視することがほとんどです。ただし、応募してくる人材のスキルだけに目がいき、「やる気」を軽視（あるいは無視）してしまったら、どうでしょうか？　スキルがいくら高くても、やる気がなければ、パフォーマンスは低くなってしまうはずです。また、組織全体のやる気も低下するわけですから、組織崩壊のリスクは高まるのではないでしょうか。

「やる気」より「スキル」が重視されてしまう圧倒的な理由

なぜ組織運営においては、スキルが重視され、やる気が軽視されてしまうのでしょうか？

その理由は次の３つです。

1 経営陣やリーダー層が扱う変数が多すぎる
2 採用時に「スキル」はある程度可視化されている
3「やる気」は目に見えない

そもそもやる気のような目に見えないものを取り扱うこと自体が難しく、それを感じ取れる人もいれば、まったく気づかない人もいます。また、創業期の経営者がやる気の重要性がわからないのは、次の３つの理由から無理からぬことだと思います。

1 本人はオーナーシップの塊であり、どうしてもマイクロマネジメントになる
2 自分で扱っている変数が多すぎて、目に見えない「やる気」をケアしていられない
3 そもそも「やる気」の重要性がわかっていない

初めて起業した人よりも、2〜3回目の人のほうが、成功確率が高かったり、事業を軌道に乗せるのがうまかったりします。その理由は、最初に起業したときに組織面で痛い目にあったせいで、2回目以降は採用、企業カルチャー作り、権限移譲など、メンバーのやる気に目配りができているからではないかと、個人的には思っています。

第6章でも述べましたが、プロダクトが売れて事業が伸び続けている間は問題はありませんが、「成長の踊り場」という停滞期が訪れると、それまでノーフォローでも何とかなっていた「感情マネジメント」にまつわる問題が噴出し、それをケアするためのコストが増大します。

起業したばかりでマネジメント経験の少ない起業家がこうした状態に直面したら、成長の相当な足かせになることは火を見るよりも明らかです。

だからこそ、起業経験の豊富な人は、単純に優秀な人材を採用するだけではなく、カルチャーフィットする人材、チーム作りに長けている人材で脇を固めるのです。

組織を「デモチ」させるアクションリスト

組織の成長や事業の成功に、メンバーのやる気が不可欠であるにもかかわらず、多くの経営者が「やる気マネジメント」に失敗してしまいます。その結果、組織が「デモチ(demotivation)」に陥ることが多々あります。

demotivation……lack of interest in and enthusiasm about your work
(デモチベーション……仕事に対する興味とやる気の欠如)

個人がデモチ状態に陥ると、チーム内にデモチが蔓延し、それが別のチームに伝播し……といった負のスパイラルが発生し、組織のあちこちで不満や怒りが噴出します。最悪の場合、組織が崩壊してしまうかもしれません。

では、経営層やマネジメント層のどのような言動がメンバーの「デモチ」につながるのでしょうか？　代表的なアクションを10個紹介します。

1 マイクロマネジメントする

2 権限委譲しない

3 梯子を外す

4 Ｗｈｙを共有せずＷｈａｔだけを落とす

5 言行が一致しない

6 レポートラインを飛び越える

7 成果を承認しない

8 それどころか成果を横取りして自分の手柄にする

9 パワハラ的に詰める

10 失敗を認めない

重要なのは、多くのリーダーがこういった行動を〝無意識のうちにしてしまっている〟ということです。つまり、悪気はないわけです。

先ほども述べましたが、そもそも創業期の経営者の特徴は次のようなもので、それをメンバーの視点から見たのが上記10個のアクションなのです。

1 本人はオーナーシップの塊であり、どうしてもマイクロマネジメントになる
2 扱っている変数が多すぎて、目に見えない「やる気」をケアしていられない
3 そもそも「やる気」の重要性がわかっていない

この「お互いが見えている景色の違い」をきちんと認識して、相互理解に努めることが「組織崩壊」を未然に防ぐためにも必要です。

カルチャーデザインという山登りで一番やってはいけないこと

この章の冒頭で企業カルチャーのデザインを「山登り」にたとえました。

どんな頂上に向けて、どんなルートで、どんな態度で登るのか？

たとえば、「致命的な事故やケガが発生したとき以外はおかまいなしに最短&最速の到達を目指して猪突猛進に登る」のか、「パーティーや周囲の環境に最大限配慮しながら着実に歩みを進めて行く」のか、登り方はそれぞれです。登り方には良いも悪いもありません。あるのは「その登り方を選択した」という事実のみです。もちろん、登り方は組織の成長／成功に直結するので、できる限り良くデザインされるべきなのは言うまでもありません。

「登り方」によっては、ごく短い期間で登頂に成功することもあれば、それなりに時間がかかることもあるでしょう。これは、選択する事業領域や競争環境次第で変わってきます。どのような登り方を選ぶかは、非常に大切ですが、それには経営者やメンバーの態度など無意識的なものが反映されますし、企業の本質が「ゴーイングコンサーン」という長期的な継続を前提としているものである以上、短期的に良いか悪いかを判断することはできません。つまり、5年、10年のスパンでしか測れないことを短期的な視点で議論しても仕方ないのです。

一番やってはいけないこと

特に成長途中のスタートアップ／ベンチャー企業の登山は波乱万丈です。突然、大嵐に巻き込まれたり、ほかのパーティーに足元をすくわれたり、自分たちのパーティーで内紛が勃発するなど、とにかくいろいろあります。だからこそ、どんな「頂上」に向けて、どんな「ルート」で、どんな「態度」で挑むのかをしっかり定義し、パーティーのメンバー全員に伝え続ける努力が必要です。

頂　上＝ビジョン
ルート＝ミッション
態　度＝バリュー

結局「ビジョン」という「頂上」を目指しているのはどの企業も一緒です。それよりも大切なのは、「ルート」と「態度」です。山頂に向かって「挑み続ける姿勢」にこそ企業カルチャー（個性）が表れます。

巷では、よく「ミッション／バリューを可視化しよう、可視化しないのは良くない」などといわれます。しかし、本当に良くないことは可視化をしないことではありません。登山において、**一番やってはいけないのが「山の登り方を変えた（変わった）ことを丁寧にパーティーに伝えないこと」です。**特にスタートアップ企業では、成長のフェーズが変わったり、意図的に成長のギアを入れ替えたり、経営層がたった1人入れ替わったりすることで、登り方や登るペースが大きく変わることが多々あります。

こうしたときに、経営層がやるべきことは「自己認識」です。「こういうルートに変えた」「ペースを変えた」「態度はこういう形にシフトする」といったことを自覚することです。登り方の変化は現場スタッフのほうが、より敏感に察知しますから、それを丁寧かつ正確に伝えないと組織全体の不和の種になります。特にまずいのは、変わったのにもかかわらず、経営層が「これまでと同じ」言動を取り続けることです。

プレイボーイであってはいけない

就職は、よく結婚にたとえられます。

個人と企業がお互いのメリット／デメリット、相性などを総合的に勘案し、相思相愛であることを確かめたうえで入社（結婚）となるわけですが、結婚生活を長く続けていれば、どうしてもお互いが変化し、すれ違いが起きるものです。すれ違いが大きくなれば離職（離婚）というのも、やむを得ないでしょう。

ただ、たいていの人や組織は、自分や組織、あるいは時代や周囲の環境などが変わっても、それを素直に認めなかったり、過去の良かった経験にしがみつきがちです。しかし、今の時代、それでは前進できませんし、生き残ることもおぼつきません。

特に、経営層がプレイボーイ的な言動を取ってしまうと最悪です。

たとえば、八方美人的に愛想を振り巻いて、厳しい現実を伝えない、山の登り方が合わなくなってきた人や事業にはっきりした態度を示さないなどです。そうすると、変化したことは心の底ではわかっているのに認めたくない人たちが、「また昔のように楽しくやれるのではないか」と淡い期待を抱きます。組織内に煮え切らない空気を抱えながら、山を登ることになってしまうでしょう。

登り方が変わって、それが合わなくなった人とは別れるのも、中長期的にはお互いのためになるでしょう。

とはいえ、人の問題は、そう簡単に割り切れるものでもありません。ですから**経営層は、登り方が変わったときは、すぐに丁寧かつ正確に伝え続け、なるべくお互いの間に認識や期待値のズレが発生しないように努力する必要があるのです。**

従業員体験（EX）は期待値で決まる

昨今よく耳にする「従業員体験（Employee Experience：EX）」ですが、これが大事であることは今さら言うまでもありません。EXの最重要変数は「期待値」です。つまり、「従業員体験（EX）が悪い」とは組織に対する「期待値のズレ」が発生しているということなのです。

パーティーのメンバー全員が健全な状態を保ちながら、山に登り続けるためには、期待値のズレの発生が最小限になるように努力し続けるしかありません。個人と組織は出会った瞬間に、お互いに期待を抱きますし、恋愛と同じように自分のことをより良く見せようとします。しかし結局、大切なのはお互いの「スッピン」を好きになれるかどうかなのです。

採用候補者からすると、その企業を知ったその瞬間から期待値が発生し、積み重なっていきます。さらに、採用面接で会う担当者、聞かされるストーリー、オンボーディングで語られる魅力的な制度や生き生きした先輩社員たちの熱い言葉などにより、期待値はどんどん上がります。

しかし、こうした外部者に向けて語られることと実態が１００％一致していることは極めてまれです。期待満々で入社した新入社員の大半が、「あれっ、聞かされていたのと違う……」と思うことになります。

こうした期待値のズレをなるべく発生させないためにも、採用前に自社のスッピンを可能な限り見せておくことが大切です。また、先ほども述べましたが、今いるスタッフに対しても、組織に何らかの変化が生じたのであれば、いち早く知らせてズレの発生を最小限に抑える必要があります。

ただし、このときに難しいのが、伝え方です。

経営層は伝える努力をしているのに、実際には伝わっていないということは多々あります。大切なのは「何を伝えたか」ではなく、「何が伝わったか」です、さらに言うと、「何が伝わったか」よりも「実際に現場の行動が変わったか」で、伝わったかどうかを判断する必要があります。

組織の規模が大きくなるほど、「全社集会で全員に伝える」といったことだけでは不十分です。各チームのリーダーを通じて、組織の末端まで届くように、繰り返し伝え続けるようにコミュニケーションをデザインする必要があります。

確かに人は、目に見えない雰囲気を感じ取る能力を持っていますが、それと同時に自分に都合良く物事を捉える傾向もあります。組織のリーダーは、メンバーの希望的観測を修正するために、日々、組織の状態、変化、方針、戦略、リスクなどを正確に伝え続けなければなりません。

可視化されたカルチャーに踊らされるな

企業が自社の企業カルチャーに基づいて何か行動を起こすとき、必ずと言っていいほど発生するのが「ビジョン／ミッション／バリューを可視化（明文化）して浸透させよう」という大号令です。

可視化すること自体は間違いではありませんが、やり方を間違えるとミスリーディングになってしまう恐れがあります。可視化のプロセスが健全で、コアメンバーの労力をかけすぎなければ、成長過程における組織崩壊リスクに対する有効な予防接種となるでしょう。また、カルチャーの輪郭が明確になることで、社外の求職者が会社選びの基準にしてくれるなどのメリットもあります。

しかし、そもそも企業カルチャーという目に見えず、曖昧で動的な空気のようなものを無理やり可視化することで、その上澄みの部分だけが一人歩きしてしまうというリスクもあります。

たとえば、ビジョン／ミッション／バリューをいったん明文化したときに起こりがちなのが、「浸透」が目的化してしまうことです。ビジョン／ミッション／バリューは確かに重要ですが、実際には企業カルチャーの上澄みにすぎません。

そもそも企業カルチャーの成り立ちには、経営陣やメンバーたちの思考や感情だけでなく、「行動」という身体的な活動が大きな役割を果たしています。そのため、企業カルチャーは非常に属人的なものなのです。可視化することで、こうした部分が薄まってしまうのです。

可視化 << 属人化

感覚的には逆に思われるかもしれませんし、「これではスケーラブルではない」「形にしなければ仕組みや制度に組み込めない」というのも事実でしょう。しかし、実際には「スケーラブルな属人化」こそ、カルチャーデザインにおける重要なテーマなのです。

このことを、採用における「カルチャーフィットの見極め」という観点から考えてみましょう。第4章でサイバーエージェントの事例を紹介しましたが、彼らは採用の最前線に経営陣とカルチャーフィットしている優秀なリーダーたちを大量に動員し、稼働させることによる人的な「キャリブレーション（調整）」でカルチャーを伝承します。膨大な「人的コスト」をかけることで、可視化し切れない部分も含めて着実に伝えるのです。企業カルチャーと人の関係を本質的に考えるほど、企業はこうしたプロセスから逃れることができないのではないかと思います。

繰り返しになりますが、企業カルチャーの可視化自体は悪くありませんが、明文化できない部分まで強引に形にして、固定してしまうことにはリスクがあります。それが「採用時のカルチャーフィットを見極め」が甘くなる原因です。そうならないように、**企業カルチャーの明文化できない部分を、コアメンバーに身体に染み込ませてもらい、採用時の判断基準にしてもらうことで、事前にカルチャーのミスマッチ人材が組織に混入することを防ぐ**

のです。つまり、採用の時点で企業カルチャーのすり合わせをするということです。

なぜこうしたことが重要なのでしょうか？

企業カルチャーには「浸透」という言葉がついてまわります。

組織が拡大したり、時間が経過することによって、企業カルチャーの密度や浸透圧は下がります。多くの企業が「カルチャーの浸透率を高める」、あるいは「一定の水準を維持する」ために、可視化されたカルチャーの唱和、評価基準への組み込み、社員総会など、さまざまな取り組みをしています。

これらと同じくらい、採用の現場における企業カルチャーのキャリブレーションは重要です。なぜなら、**企業カルチャーが最も明確になるのが、採用の現場だからです。言い換えれば、「誰を採用するか」イコール企業カルチャーです。**

さらに、採用に加えて、「誰を評価するか」にも企業カルチャーが強く反映されます。たとえば、A社で高く評価されていた人がB社に転職したときに必ずしも同じように評価されるわけではありません。これはその人の能力もあるでしょうが、A社の企業カルチャーにフィットしていたかもしれないが、B社ではそうではなかったという可能性が極めて高いでしょう。

このように人と企業カルチャーは切っても切り離せません。その会社で評価されている人の姿勢、言動、仕事の成果など、その人のすべてが企業カルチャーの一部なのです。そう考えると、企業カルチャーのすり合わせをするのに、採用／人事評価の現場が最適であることがおわかりいただけるでしょう。

「こういう人が欲しい／欲しくない」「彼はウチっぽい／ウチっぽくない」
「彼女はきっとワークする／しない」

リアルな「人」を対象に「ああでもない、こうでもない」とあらゆる角度から企業カルチャーのすり合わせを行なう泥臭い採用／評価の現場にこそ、その会社の本質が表れます。

「非効率をハックする」ことを真骨頂とするテック系スタートアップ企業の多くは、企業カルチャーも手っ取り早く明文化／可視化し、採用要件や評価基準に織り込むことでシームレスな企業カルチャーのアルゴリズムを築き上げます。ところが、ゼロか1かのアルゴリズムで解けないのが、企業カルチャーです。極めて身体的かつ有機的、そしてときには合理よりも情理で動く組織という生き物のＤＮＡは、そう簡単にコピーしたりアルゴリズム化できるわけではありません。

企業カルチャーの醸成／浸透／伝承には、リーダー自らが組織という糠床に手を突っ込んで、時間をかけて丁寧に手入れするような泥臭く、地道な作業が必要です。決して近道はありません。

第9章のまとめ

□組織の成功やミッション／ビジョンの実現に最も効果的にレバレッジを効かせられるのが、メンバーの「やる気（感情エネルギー）」。決して軽視してはならない。

□経営陣やマネジメント層の言動がメンバーのデモチにつながることがあるので注意。デモチ状態に陥ると、チーム内にデモチが蔓延し、それが別のチームに伝播し……という負のスパイラルが発生し、組織のあちこちで不満や怒りが噴出する。

□ビジネスという登山において、リーダーは、どんな「頂上」に向けて、どんな「ルート」で、どんな「登り方」で挑むのかをしっかり定義し、パーティーのメンバー全員に伝え続ける必要がある。ルートや登り方が変わったら、すぐに知らせなければならない。

- □ 組織のメンバー全員が健全な状態を保ちながら、ビジネスの山を登り続けるためには、「期待値のズレ」の発生が最小限になるように努力し続けるしかない。つまり、組織の状態、変化、方針、戦略、リスクなどを日々正確に伝え続ける必要がある。

- □ ビジョン／ミッション／バリューを可視化（明文化）することは大切だが、それらは企業カルチャーの上澄みにすぎない。浸透させたければ、可視化できない広大な領域を全員でコミュニケーションを取りながら共有するという泥臭い作業が必要。企業カルチャーの醸成／浸透／伝承に近道はない。

おわりに

私が個人的に企業カルチャーを言語化し、文章化しはじめてから5年の月日が経ちました。今回、書籍という形で今までの思考を自ら再編集することで、改めて企業カルチャーを学び直すことができました。

この5年で世界情勢、社会環境は大きく変化しました。新型コロナウイルス感染症の流行によって、私たちの「生活様式」は突然大幅なアップデートを迫られました。「生活様式」とは、われわれが育んできた人類のカルチャーそのものです。

未曾有のパンデミックは、一時的でありますが、人々を物理的にも精神的にも内側に閉じ込め、一方でインターネットを通じた情報／コミュニケーションがさらに増大することになりました。誰もがそんな状況下で、生きものとしての「息苦しさ」を覚えたはずです。

ここ数年でわれわれが直面した激しい混乱は、われわれの価値観を大きく揺さぶりました。今では、さらに戦争や不景気という人類が自ら生み出したカオスによって、多くの人が生活の拠り所や人生の指針を失いかけています。

そうしたさまを見るたびに私が思うのは、こんなときこそ人類としての原理原則に立ち戻るべきではないかということです。

たとえば、人類の歴史５００万年を24時間に置き換えると、インターネットの登場はラスト１秒の出来事です。人は短いスパンでしか物事を見ようとしませんし、なかなか行動を起こそうとしない弱い生きものです。しかし、長いスパンで人類史を俯瞰すると、羅針盤が指す方向は意外とシンプルだったりします。

今回の企業カルチャーを考察する旅路も、出発点はわれわれ人類の祖先ホモ・サピエンスが進化の過程で獲得した「虚構を信じる能力」でした。

私は趣味として日々ランニングを楽しんでいますが、人類がほかの生物よりも種として繁栄した要因として、「虚構を信じる能力」に加えて、「速く走れる」よりも「長く走れる」というメリットのある二足歩行に進化した点が挙げられるといわれています。

ただ「走る」「走り続ける」という運動の中で、私は時どき古来の祖先との深いつながりを感じることがあります。そしてそれは、現代へと続く普遍的な学びを届けてくれるのです。

例を挙げましょう。直近のパンデミックで世界経済をリードする多くのテクノロジー企業は爆発的なユーザー数の伸びに支えられ、一時的な好業績を叩き出しました。ところが、世界で最も賢い人たちが集まっているはずのこうした企業の経営陣ですら、このトレンドがずっと続くと「勘違い」をしてしまったのです。多くの企業が反省の弁とともに、2022年から本書執筆中の2023年初頭にかけて、過去最大規模のレイオフ（人員解雇）を断行しています。

日々ランニングをしていると、「追い風」は「向かい風」に比べると圧倒的に意識しづらいことに気づきます。速く走れば走るほど、実力以上に走れるように背中を押してくれていた「追い風」の存在感は遠のいていきます。それが「向かい風」に変わって初めて、それまで自分が追い風を受けていたことに気づきます。

私たちは、自分ではコントロール不可能な環境の中を走っているのです。ランニングに限らず、仕事も、人生も、それを意識しながら、進路や速度を常に適切になるように自己修正しなければなりません。

決してテック企業のレイオフを後知恵的に弾劾したいわけではありません。古来から続く人類の原理原則は、今においても重要であるということです。

これを企業カルチャーの事例で説明しましょう。第6章でも述べましたが、企業が「成長の踊り場」に到達すると、必ずと言っていいほど組織課題が噴出します。その一方で、「事業の成長はすべてを癒す」とよくいわれます。これは責任者のコミットメントや意気込みという点では評価したいのですが、実際には事業の成長が組織課題を解決してくれるのではなく、「組織課題を隠す」のです。

本来であれば、企業カルチャーや組織の感情マネジメントには常に一定レベルの投資をし続けなければなりません。それを怠ってしまうから、成長の踊り場や外部環境の急激な変化に直面したときに、一気にツケが回ってくるのです。

本書では企業カルチャーのデザインについて詳細に解説しましたが、今「企業カルチャーを一言で表現したら?」と問われたら、「その企業の生き方」だと言い切ります。つまり、企業カルチャー論とはそれぞれの企業の「生き方論」なのです。

人の集合体には、その規模や目的がどうであれ、必ず何らかの「カルチャー」が存在します。その最も身近で最も小さなものが「家族」です。家族のカルチャーとは、「その家族の生き方」そのものです。そして「生き方」とは、それまでの人生における経験や周囲からの影響の蓄積であり、同時に日々の内省の結果であり、さらに、「これからこうしたい／こうなりたい」という希望を含むものなのです。これは、企業のように血縁／地縁に関係なく、営利を目的として人為的に作られた集団も同様です。

人は本来、群れをなす社会的な生きものです。同時に、論理よりも感情に強く動かされます。企業の生き方＝企業カルチャーもこの原理原則にのっとっていることを忘れてはいけません。皆さんが自社の企業カルチャーへの理解と認識を深め、より良いものにするための行動を起こしていただけることを願っています。

謝辞

まず、私の思考の蓄積（ｎｏｔｅの記事）を「再編集する」ことを提案してくださり、出版の後押しと編集プロセスに尽力いただいた貝瀬裕一さん、並びに日本実業出版社の荒尾宏治郎さんを中心とした編集チームがいなければ「書籍として形に残す」ことはできませんでした。本当にありがとうございます。

いまだ成長過程のスタートアップ企業の経営の一翼を担う私に、本業に支障をきたすリスクのある本書の執筆／出版に対するためらいを払しょくし、全力で肯定してくれた株式会社ラントリップの経営チームとメンバーには深い感謝の気持ちしかありません。この経験を、必ずラントリップの発展につなげていきたいと思います。

今までのビジネスキャリアはもちろん、さまざまな場面で企業カルチャーを一緒に背負い、ときに壁打ち相手となってくださり、企業カルチャーに対する考察や理解を深めるさまざまなきっかけや体験をくださった、ここに名前を書き切れない数々の戦友の皆さま、本当に感謝しております。

最後に、常に人生の岐路における「選択権」を私に与えてくれた両親に心から感謝しています。おかげで自分の人生は自分の頭で考え決めるクセがつきました。自分の人生を他人のせいにせず、常に自分の人生として悔いなく歩めているのは2人がいつでも自由に、優しく寛容で温かい愛情で包み込んでくれたおかげです。このカルチャーを、私も2人の子どもたちに受け継いで大切に育んでいきたいと思います。

そして、そんなある意味自分勝手な私の人生にもう10年以上つき合ってくれている妻に最大級の感謝を贈ります。私が私でいられるのはあなたのおかげです。家族の素晴らしき、温かいわが家のカルチャーをこれからも一緒に築いていきましょう。

令和5年4月

冨田憲二

冨 田 憲 二（とみた けんじ）
株式会社ラントリップ取締役。1981年生まれ。2006年、東京農工大学 機械システム工学部卒業。2006年、USENへ入社し、モバイル系コンテンツ事業に携わったのちVOYAGE GROUP（旧ECナビ、元CARTA HOLDINGS）にてgenesixを創業し、多数のスマートフォンアプリを手がける。その後、創業期のスマートニュースに8番目の社員としてジョインし、グロース、マーケティング、セールスを中心として立ち上げ、その後、同社初の専任の人事として組織を国内外に200名まで成長させる。現在は、株式会社ラントリップの取締役としてサービスのグロースとカルチャーの普及に取り組みつつ、複数社のスタートアップで人事・カルチャーのアドバイザーにも従事。note、TwitterでHR、企業カルチャーに関する情報を発信している。

企業文化（きぎょうぶんか）をデザインする

2023年6月1日　初版発行

著　者　冨田憲二

発行者　杉本淳一

発行所　株式会社日本実業出版社　東京都新宿区市谷本村町3-29　〒162-0845
編集部 ☎03-3268-5651
営業部 ☎03-3268-5161　振　替　00170-1-25349
https://www.njg.co.jp/

印刷／厚徳社　製本／共栄社

ISBN 978-4-534-06020-4　Printed in JAPAN